人《ひと》をあるく

三遊亭円朝と江戸落語

須田 努

吉川弘文館

『三遊亭円朝と江戸落語』

目次

「黒船来航風俗絵巻」

幽霊図　全生庵蔵

「真景累ケ淵」変貌する豊志賀

「塩原多助一代記」吾妻川

「怪談牡丹燈籠」不忍池から上野の山を望む

「怪談牡丹燈籠」本懐を遂げた孝助

「怪談牡丹燈籠」小僧弁天手前　古ケ崎付近

「怪談牡丹燈籠」　神明社

名人・天才三遊亭円朝の風貌

円朝と江戸落語—生きた時代

落語は江戸時代初期、京都で始まったとされています。元和九年（一六二三）に完成した『醒睡笑《せいすいしょう》』全八巻には、約一四〇〇もの噺《はなし》が収録されています。元禄文化（一八世紀初）の頃、落語は京都・大坂で盛んでした。京都・大坂（阪）の噺家による落語を「上方落語」と呼称しています。

一方、宝暦から天明期以降（一八世紀後半）、江戸で落語が盛んになります。この系譜を引くものを「江戸落語」と呼びます。「真景《しんけい》累《かさね》ヶ《が》淵《ふち》」「怪談《かいだん》牡丹《ぼたん》燈籠《どうろう》」「文七《ぶんしち》元結《もっとい》」「黄金餅」「死神」など、どれもみな「江戸落語」の名作で、現在でも人気の演目です。これらは天才噺家・三遊亭円朝（一八三九〜一九〇〇）が創作したものです。

本書では、三遊亭円朝を彼が生きた時代の中に位置づけ、円朝が創作した江戸落語の名作を紹介し、さらにゆかりの地を歩いてみましょう。

三遊亭円朝が生きた明治という時代を理解するために、国民国家・帝国といった概念があります。ここではとくに国民国家というものを意識してみましょう。

フランス革命（一八世紀末）以降、西欧において、一定の国家領域に居住する市民

（ブルジョワジー）が国民として認識されていきました。国民とは近代、資本主義が進展する中において「想像された共同体」として形成されたのです（ベネディクト・アンダーソン『想像の共同体』）。市民（国民）は参政権を得る一方、納税と徴兵の義務を負う存在として資本主義を支えていったわけです。

当時、福沢諭吉*が『文明論之概略』（明治八年／一八七五年刊行）の中で面白いことを語っています。

日本国の歴史はなくして、日本政府の歴史あるのみ
日本には政府ありて、国民（ネーション）なし

円朝写真

江戸時代までの身分制社会において、政治に参加し、国策の決定権を掌握したのは、天皇・皇族・貴族・武士などごく少数の支配者に限定されていました。民衆は被治者として生き、重税の下、労働に従事していたわけです。明治維新はドラスティックな改革ではあっても市民革命ではありません。身分制度が消滅したとしても、人びとの意識は被治者の時のままであったのです。これでは、国家の独立を担うことはできない、と危惧した福沢は被治者を国家の

＊ 福沢諭吉（一八三五～一九〇一） 豊前中津藩藩士。大坂の適塾で学ぶ。安政五年（一八五八）、江戸に蘭学塾をひらく（のちの慶応義塾）。安政七（一八六〇）、幕府の遣米使節に同行して咸臨丸で渡米する。元治元年（一八六四）、幕臣となり外国奉行翻訳方に就任する。明治維新後は官職に就かず、在野において啓蒙思想家として活動した。

主体である国民へと転化させるために啓蒙活動を行っていったのです。

戊辰戦争が完全に終結した後の明治三年（一八七〇）から、大日本帝国憲法が制定された明治二二年（一八八九）までの約二〇年間の文化・思想・風俗に関する社会状況を文明開化と呼称します。

文明開化という成句が最初に用いられたのは、福沢諭吉『西洋事情』外篇（慶応三年／一八六七刊行）といわれています。ここには

人生の始めは蒙昧にして、次第に文明開化に赴《おもぶ》くものなり（中略）、文明開化に従て法を設け、世間一様にこれを施して、始めて真の自由なるものを見るべし

とあります。明治時代に創作された「五人廻し」という落語があります。古今亭志ん朝（三代目）*のバージョンでは、古くさい文句でわめき散らす客の相手をした後「ひらけねえ野郎がいるもんだね」とつぶやく吉原の若い衆が出てきます。文明開化という言葉はメディア・啓蒙書によって多用され、そのイメージは社会に定着したのです。

ところで、高校の日本史教科書には福沢諭吉の著作が「さかんに読まれた」とあります。民衆史を専門としているわたしは「本当かなあ」と思っています。印刷技術の発達もあり啓蒙書の発行部数は増大しました。しかし、だからといってそれらが読まれていたとは限りません。多くの庶民、たとえば長屋住まいの八っあんや熊こうが、啓蒙書を理解していたとは思えません。庶民にとって福沢先生は雲の上の

＊ 古今亭志ん朝（三代目）（一九三八～二〇〇一）東京生まれ。五代目古今亭志ん生の次男。一〇代目金原亭馬生は兄。本名、美濃部強次。入門から五年という異例のスピードで真打に昇進した。明るく、軽妙な語り口で大人気となった。人情噺から滑稽噺まで幅広い芸域をもった名人。「愛宕山」「文七元結」「明烏」「火焔太鼓」などを得意とした。

存在です。文明開化の時期の社会や文化は、啓蒙思想や自由民権運動だけでは語れないのです。当時の社会文化、民衆文化を理解するためには、庶民に影響をあたえた娯楽を理解する必要があります。そのために、次に円朝の舞台であった寄席のことに触れておきましょう。

文化・文政期（一九世紀初）以降、江戸には多くの寄席が生まれ、天保改革の統制で一時的に衰退するも、その後から増加し続け、明治七年（一八七四）の東京には二〇〇以上の寄席が存在し、庶民芸能・娯楽の空間として栄えていました。

江戸の庶民に広く読まれた式亭三馬《しきていさんば》*の滑稽本『浮世床《うきよどこ》』には

江戸の咄家《はなしか》はどれも上手だぜへ、夢羅久《むらく》が咄すのは真の咄だぜのう

そうさ、林屋がおもしれへよ

おらあ円生がおかしくてよい

といった会話が記載されています。落語は江戸庶民の日常的な娯楽として定着していたのです。

狂言芝居（歌舞伎）は高価ですが、夜間興行で規模も小さい寄席の木戸銭は安かったのです。明治一〇年（一八七七）の東京の寄席の木戸銭は二銭五厘でした。明治一四年（一八八一）の巡査の初任給が四円、同年の蕎麦（もり・かけ）が一杯一銭から一銭五厘でした。寄席には立ち食い蕎麦二杯分位で入れたことになります。明治時代に入っても、寄席は庶民の日常的娯楽の場であったのです。

＊ **式亭三馬**（一七七六～一八二二）江戸出身。本名菊地泰輔。江戸時代後期の戯作者。書肆に奉公に上がり、のち古本屋を営む。一九歳で黄表紙『天道浮世出星操』を発表。以降、合巻・滑稽本を中心に数多くの作品を発表する。代表作は江戸の庶民の日常を活写した『浮世風呂』『浮世床』など。

＊ **正岡子規**（一八六七～一九〇二）伊予（愛媛県）出身。本名正岡常規。帝国

一方、明治一〇年代の新聞は、寄席に集まる人びとを「無智無学なる下等人種」（『朝野新聞』、明治一九年四月二日）、「堅大工町の勇な兄さん」（『絵入自由新聞』、明治一九年三月三一日）、「脳天熊やガラッ八」（『朝野新聞』、明治一九年四月二日）などと表現していました。

ここで、また福沢諭吉に登場してもらいましょう。『文明論之概略』には

独立を保つの法は文明の外に求むべからず。今の日本国人を文明に進るは、この国の独立を保たんがためのみ。故に、国の独立は目的なり、国民の文明はこの目的に達するの術なり

とあります。国家の独立のために日本国民は西欧型の文明の域へ進まなければならない、というのです。この発想は、明治政府・啓蒙思想家に共通する認識です。文明開化とはきわめて政治的な問題でもあったのです。そして、西欧列強のような「一等国」入りを企図する明治政府は、庶民の娯楽の場である寄席や劇場に着目し、そこに登場する噺家・講談師、作家・役者たちを、文明開化の下に取り込み、利用していったのです。これについては本書「I　円朝の履歴書」で詳述してあります。

円朝の評価　中江兆民は晩年『一年有半』のなかで同時代の非凡人として、講談師・松林伯円（一八五〇～一九〇七）と三遊亭円朝を挙げています。正岡子規*は『筆まかせ』の中で「寄席に遊ぶことしげく」と語っています。夏目漱石*は『三四郎』で三代目柳家小さん（一八五七～一九三〇）を絶賛しました。寄席とは、明治時代を

大学中退後、俳句の革新運動を展開する。明治二八年（一八九五）、病となるも、『ホトトギス』を創刊、また、根岸短歌会にも積極的に力を入れ、短歌の革新も始める。句集『寒山落木』や、『歌よみに与ふる書』などがある。

* **夏目漱石**　（一八六七～一九一六）江戸出身。本名夏目金之助。大学予備門時代に、正岡子規と知り合い交友する。帝国大学で英文学を修め、松山中学・第五高等学校で英語教師に就く。明治三三年（一九〇〇）、文部省留学生としてイギリスに留学、帰国後、東京帝大の講師となり「文学論」等を講義する。明治三八年（一九〇五）、『ホトトギス』に発表した「吾輩は猫である」が評判を呼び、東京朝日新聞社の専属作家となる。代表作は『三四郎』『それから』『門』『こゝろ』など。

代表する知識人たちも好んで通った場となっていたのです。そして、彼らは名人噺家を贔屓にしていたのです。

文明開化のまっただ中、四〇代になった三遊亭円朝は、東京の噺家の頂点として位置づけられるようになり、明治一九年（一八八六）四四歳の時には「落語家中の親玉」という世間の評価が定着しました。

円朝は多くの落語を創作しました。その中で「怪談牡丹燈籠」は、寄席や速記本を通じて国民の間にひろく伝わり、言文一致体運動に影響を与えました。先述したように、寄席や落語が好きであった正岡子規は『筆まかせ』の中で、言文一致体運動を「無暗に主張する人」や、これの「尻馬に乗る人」を批判し、円朝の噺を手本にせよと語っています。

地方出身者が忠義・誠実を旨として立身出世していく物語「塩原多助一代記」は、明治政府の目にとまり、修身の国定教科書に掲載されました。五三歳の円朝は三遊派を率いて井上馨邸での園遊会に出席し、明治天皇の前で「塩原多助一代記」を口演しています。文明開化の時期、円朝はまさに〝立身出世〟を遂げたのでした。ただし、私生活では、一子・朝太郎の素行不良問題を抱え、必ずしも幸福であったとは言えませんでした。

芸能・国文学の分野において、三遊亭円朝は文明開化に妥協したと批判されています。しかし、ここからは円朝の主体性は見えてきません。わたしは、円朝が生きた時代、その政治・社会・文化につき解説し、その時代の中で彼は、いかに行動したのか、という点を重視しました。父・母・義兄の愛情、一方、幸福ではなかった家庭、師匠・三遊亭円生*（二代目）との軋轢、弟子との関係などを丹念に追いかける必要があります。客（民衆）が円朝の芸（噺）にどのように反応していたのかを明らかにすることも重要です。本書ではそれを心がけました。

作品の特徴

いわゆる古典落語は、評論家たちにより怪談噺・落とし噺・郭噺・人情噺などと類型化されています。現在、人情噺こそが落語の王道であり、これを得意かつ、上手とする噺家を名人とする風潮があります。昭和の名人の一人である五代目古今亭志ん生*は人情噺と講談とを区別して、講談は地の説明で進めていくのに対して、人情噺は会話体で「あまり説明はくどくどしないで、雰囲気でしゃべっていく」と語りました。人情噺とは、ストーリー性を持ち、登場人物の心理や相互関係を活写した一人芝居であり、噺家の芸の力量が問われることは事実です。しかし、短い落し噺で乙な洒脱や、間抜けな与太郎を軽妙に演じ、客の爆笑をとることも噺家にとって重要な技量といえます。関西では、むしろこちらのほうが好まれているようです。ところが、東京を中心に関東では人情噺格上という風潮が根強いのです。それはいつからなのでしょうか。少なくとも、江戸時代（文化・文政期）の式亭三馬は噺の差別化などしていません。

現在、古典落語と呼ばれる噺は、歴代の噺家さんたちの研鑽によって変化してい

---

* 三遊亭円生（二代目）（一八〇六～六二）江戸出身。本名尾形清郎。初代三遊亭円生に入門。天保一二年（一八四一）頃、二代円生を襲名する。

* 古今亭志ん生（五代目）（一八九〇～一九七三）本名・美濃部孝蔵、東京神田の生まれ。生家は旗本、父は警視庁の巡査であった。昭和一四年（一九三九）五代目志ん生を襲名。戦中、六代目三遊亭円生らとともに満州に渡り、慰問芸人として苦労を重ねる。満州からの帰国後、芸が開花し、天衣無縫といわれる芸で、昭和の名人となる。「火焔太鼓」「付き馬」などを得意とした。弟子に一〇代目金原亭馬生（長男）三代目古今亭志ん朝（次男）。古今亭志ん駒らがいる。

て、オリジナルの形を留めていません。これを前提としつつ、江戸時代を起源とすることが明確であり、原話も確認できた噺を二一五点見つけ出すことができました。これらの噺を分類すると以下となります。

①滑稽噺：一八八点、天明二年（一七八二）「富久喜多留」「甘酒」を原話とする「時そば」などで、爆笑を誘ういわゆる落語。

②バレ噺：一九点、寛保二年（一七四二）「軽口耳過宝」を原話とする「赤貝丁稚」などで、卑猥な落とし噺。

③その他：八点、①②に当てはまらない噺。

このようにみると、江戸時代の落語は滑稽噺が中心であったことが分かります。では、その他の八点に着目しましょう。具体的には以下です。

「笠碁《かさご》」：「露がはなし」（元禄四年／一六九一）を原話とする。
「ざこ八」：「聞上手」「度添《どぞえ》」（安永元年／一七七二）を原話とする。
「景清《かげきよ》」：「坐笑産《ざしょうみやげ》」（安永二年／一七七三）を原話とする。
「火事息子」：「笑の友」「恩愛」（享和元年／一八〇一）を原話とする。
「累《かさね》ケ《が》淵《ふち》後日の怪談」のちの「真景累ケ淵」：安政六年（一八五九）、三遊亭円朝作
「怪談《かいだん》牡丹《ぼたん》燈籠《どうろう》」：文久元年（一八六一）、三遊亭円朝作
「鰍沢《かじかざわ》」：幕末、三遊亭円朝作
「芝浜《しばはま》」：幕末、三遊亭円朝作（カ）

以上、八点のうち三遊亭円朝の創作噺といわれるものが四点もあります。

「火事息子」は、時間にして三五分強、文庫本の頁数にして三一頁ほどです。「笠碁」「ざこ八」「景清」などもみな時間数三〇分以下の噺である一方、円朝の「累ケ淵後日の怪談」（真景累ケ淵）や「怪談牡丹燈籠」は一五日間の連続口演として創られた噺で、文庫本三〇〇頁規模の噺なのです。幕末、円朝が落語の新たなスタイルを創りあげたと言えます。

右で見るように、江戸時代、「景清」「笠碁」のように、人の情感・情愛などをこまやかに語り込んだ噺がごくわずか存在していました。円朝はこの系譜を意識しつつ、歌舞伎の影響を受けながら長編物の噺を創作したのです。

明治時代以降、円朝は「塩原《しおばら》多《た》助《すけ》一代記《いちだいき》」「業平《なりひら》文治《ぶんじ》漂流《ひょうりゅう》奇談《きだん》」などの長編噺を創作する一方、一席物として「文七元結《ぶんしちもっとい》」なども数多く生み出していました。人の情感・情愛を語り込んだ円朝の創作噺が、人情噺として類型化されていったと考えられます。そして、名人・天才円朝の得意とした人情噺をうまく演じる噺家こそが格上であるというオマージュが、円朝が活躍した東京において形成されていったのでしょう。

落語を分類すること自体に積極的意味はないのですが、わたしは「怪談牡丹燈籠」「真景累ケ淵」も人の情感・情愛を語り込んだ人情噺としてよいと考えています。「Ⅱ　円朝の作品世界」を読んでいただければと思います。

文明開化の時期、円朝は多くの西洋翻案物を創作し「なんでも此節の事は、西洋を土台に居えなくては十分な景気はとれません」と語ったといいます。ここには、円朝が文明開化という時代、欧化という社会風潮を積極的に肯定し、自己の芸に反映させていく、という意志が表されています。イタリア歌劇「靴直しのクリスピノ」を翻案したとされる「死神」は傑作であり、昭和に入っても三遊派のお家芸とされました。六代目三遊亭円生*の「死神」は最高でした。

このように、円朝の創作噺は数も多くさらに多様なものでしたが、「Ⅱ 円朝の作品世界」でこれらすべてを紹介することは不可能です。そこで、代表作である「真景累ケ淵」「怪談牡丹燈籠」「塩原多助一代記」「文七元結」「黄金餅《こがねもち》」を取り上げました。

「真景累ケ淵」「怪談牡丹燈籠」は、まぎれもない円朝の代表的傑作であり、幕末の社会が強く反映され、当時の江戸や周辺地域の様子が語られているからです。「塩原多助一代記」には明治・文明開化という時代が投影されていますが、しかしそれは一面的でしかなかった、という大きな問題が横たわっています。

「黄金餅」は、〝軽い〟テンポのよい噺で、先の三作品とはまったく趣きの異なるものです。現在でもよく、寄席の高座にかけられる噺となっています。

わたしがもっとも好きな噺は「文七元結」です。しかし、個人的関心だけからセレクトしたわけではありません。円朝が行き着いた芸がそこにあるのです。また、

＊三遊亭円生（六代目）（一九〇〇～七九）大阪出身。本名・山崎松尾。五代目三遊亭円生の養子となる。四代目橘家円蔵に入門し、大正九年（一九二〇）、円好で真打襲名。昭和一六年（一九四一）、六代目円生を襲名する。多くの演目をもち、昭和の名人となる。昭和五三年（一九七八）、落語協会を脱退し落語三遊協会を結成する。博学でもあり、円朝の噺を守り「文七元結」「真景累ケ淵」などを得意としつつも、「蛙茶番」などの滑稽噺もよくした。

この噺は、円朝の弟子たちが代々大切に育てていった噺でもあります。現在でも、この噺は円熟した噺家さんでなければ、高座にかけることが難しいとされています。

こう言っては身も蓋もないのですが、歌舞伎と同じように、落語は観るものなのです。活字で読むものではないのです。ぜひ、寄席に足を運んで、円朝作の名作を楽しんでいただければと思います。

I

円朝の履歴書

三遊亭円朝の略歴

天保 10 年	江戸湯島で誕生。
弘化 4 年	2 代目三遊亭円生に入門。
安政 2 年	三遊亭円朝と改名。
安政 6 年	「累ヶ淵後日の怪談」創作。
文久 元年	「怪談牡丹燈籠」創作。円生とトラブル。
元治 元年	一流の寄席、両国「垢離場」で真打となる。
明治 11 年	「塩原多助一代記」完成。
明治 20 年	「怪談牡丹燈籠」春木座で上演。「三遊塚」建立。
明治 24 年	席亭とのトラブルから江戸の寄席を引退。
明治 25 年	「塩原多助一代記」修身教科書に採用。
明治 33 年	病没。谷中全生庵に葬られる。

一　家系と家族

出自　三遊亭円朝は、天保一〇年（一八三九）年、湯島に生まれました。本名は出淵《いずぶち》治郎吉《じろきち》、幼少期に小円太との芸名も持っていましたが、本書では、生誕から一貫して三遊亭円朝（円朝）と表記しましょう。

出淵家の家系は、四国伊予国の河野家の支族に繋がります。河野家は室町時代、伊予国・伊予郡・浮穴《うけな》郡*に所領を得ましたが、戦国時代に長宗我部氏*によって滅ぼされ一族離散したと伝えられています。円朝の本家である出淵家につき、朗月散史「三遊亭円朝伝」（以下「伝」）には、「前田備後守の家に仕えしものは世々留守居役《るすいやく》を勧め」とあります。前田備後守家とは加賀藩の支藩である大聖寺藩（七万石）のことです。

留守居役（江戸居住）とは、いわば江戸における藩外交の窓口であり、藩の重職といえます。大聖寺藩士の事跡を書き上げた『大聖寺藩士由緒帳《だいしょうじはんしゆいしょちょう》』で確認すると、伊予国・伊予郡・浮穴郡に所領をもっていた出淵家は、代々出淵十郎右衛門《じゅうろうえもん》を名乗る一流であったことが分かります。初代は寛文三年（一六六三）、酒井忠清の仲介によって大聖寺二代目藩主前田利明に召し出された（新知二百石）、とあります。寛

＊**伊予国・伊予郡・浮穴郡**　伊予郡・浮穴郡は現在の愛媛県の中央部である。伊予郡の西部は伊予灘に面し、浮穴郡は重信川中流域の南北両岸に当たる。

＊**長宗我部氏**　土佐（現高知県）の戦国大名。土佐出身の長宗我部元親（一五三八～九九）が四国全土を支配した。四男の盛親（一五七五～一六一五）が所領を継いだが、関ヶ原の戦いで西軍に所属し敗戦、所領を没収され、大坂の陣において、豊臣方に付いたが敗戦、京都六条河原で処刑された。

文という時代、新規に二百石もの待遇で、のち「下馬将軍」と呼ばれるほどの権勢を誇る酒井忠清とのコネクションによって召し抱えられるとは、十郎右衛門は有能な武士であったと推測できます。役職は「江戸定番足軽《あしがる》御《お》預《あずかり》」となっています。

円朝の祖父・出淵大五郎《だいごろう》は、この家系の出であろうと考えられます。「伝」には、大五郎は出淵家の長男であったが「妾腹《しょうふく》」のため、南葛飾郡新宿で帰農した、とあります。この大五郎の異母弟が出淵本家の当主となります。この当主は『大聖寺藩士由緒帳』によると、七代目十郎右衛門（出淵束）であると推測できます。彼の役職も「江戸定番足軽」で、江戸住まいです。十郎右衛門家は代々江戸に居住していたという事実から、「伝」が作成された明治期になり、留守居役と勘違いされたのでしょう。

父・出淵長蔵と母・すみ

出淵大五郎は長蔵《ちょうぞう》という一子をもうけました。大五郎は、長蔵を武士へ〝身上がり〟させることを企図し、本家の出淵十郎右衛門の養子とすることに成功します。十郎右衛門は、長蔵に馬術などの武芸を厳しく教育しましたが、長蔵はこれを嫌い出奔してしまいます。この時、長蔵一八歳、立派な大人です。長蔵（円朝の父）はどうも忍耐力に乏しい人物のようです。彼は、流浪した挙げ句、縁者をたより左官職人*になります。この後、すみを娶り、江戸湯島の根性院《こんしょういん》という寺の横町に居住しています。長蔵は放蕩な男で、金銭に困ると出淵十郎右衛門のところに無心に行ったようですが、ついに縁を切られてしまいます。

＊左官職人　壁を塗ることを専門とした職人。江戸落語によく登場する。

この後も、長蔵の不行跡は続き、左官職人も辞めてしまいます。ところがどうしたことか、彼は噺家になろうと「念をおこし」二代目三遊亭円生の門に入り、橘家円太郎を名乗ります。その後、芸は「おいおい上達」して真打*となり、円朝が生まれた天保一〇年（一八三九）頃には、弟子も抱えるようになります。

円朝の実母すみは、長蔵が噺家となる前に結婚しました。すみにとっては再縁でした。以前、彼女は深川富吉町の糸商人・藤屋七兵衛に嫁いでいました。七兵衛は順調に商売をしていましたが、火災によって身代が傾き出します。そうこうしているうち、七兵衛も病死してしまいます。ここから、すみの苦労が始まります。すみは、やむなく、七兵衛との子・徳太郎をつれて、寺町である谷中三崎《さんざき》あたりに借家し、寺々の賃仕事をして生計をたてていたようです。この後、長蔵と出会ったはずですが、残念ながら、二人のなれそめ、また円朝の誕生の様子についてはは分かりませんでした。

義兄・玄昌

すみには、先夫・七兵衛との子である徳太郎がいました。円朝の義兄に当たります。谷中三崎に居住していた頃、六歳の徳太郎は、母すみの仕事についてまわっていました。これが縁となり、幼い徳太郎は、南泉《なんせん》寺（臨済宗）の小僧となり、玄昌との僧名を得ます。一六歳になった玄昌は、京都の東福《とうふく》寺（臨済宗）で修行を行い、数年後、南泉寺に戻り役僧となります。この後、玄昌は円朝の人生に大きな影響を及ぼしますが、それはおいおい見ていきましょう。

---

* **真打**　噺家のランクで、興行を取り仕切る資格を持つ者。師匠と呼称される。前座・二つ目を経過して真打に昇進するが、この間一〇年から二〇年の修行を要した。

* **仁政**　偃武（平和）を作り出したのは徳川家であり、偃武の社会を保全しているには幕藩領主である、ということを前提に、幕藩領主は百姓たちに重い年貢を課すが、百姓の生命と家の相続を公法的に保障しなければならない、という考え方。

* **武威**　幕藩領主は強大な武力を独占し治者として君臨するが、これを実際に行使することなく支配を貫徹させる、という観念。

* **博徒**　賭博を生業にする者。多くは、貸し元（親分）の下、集団を形成して縄張りをもち、これをめぐって抗争した。

円朝の新作「闇夜《やみよ》の梅」（『三遊亭円朝全集』四）に登場する谷中《やなか》長安寺《ちょうあんじ》の玄道《げんどう》という僧侶は、義兄・玄昌にヒントを得たものとされています（永井啓夫『新判　三遊亭円朝』、大西信行「解説」『三遊亭円朝全集』四）。円朝は義兄・玄昌を尊敬していました。

二　幕末の円朝

噺家の家に生まれて

天保期以降、幕藩領主が掲げた「仁政《じんせい》*」と「武威《ぶい》*」という政治理念が揺らぎ始めました。このころ、円朝が噺の舞台とした江戸の周辺（関東甲信越地域）において、博徒《ばくと》*たちの跳梁《ばっこ》跋扈《ちょうりょう》が始まります。上州（群馬県）では国《くに》定忠治《さだちゅうじ》*が、下総（千葉県）では笹川繁蔵《しげぞう》*が、甲州（山梨県）では黒駒勝蔵《くろこまかつぞう》*が、それぞれの地域内で名を上げていきます。関東地域は錯綜した権力構造のため、警察権力が脆弱で治安が悪化していきます。円朝が幕末に創作した「真景累ケ淵」や「怪談牡丹燈籠」には、荒れた関東の社会状況が投影されています。

江戸では天保の改革により、奢侈《しゃし》は禁じられ、庶民の消費生活にも様々な規制がかけられました。文政末期には、江戸市中に一二五軒もあった寄席は一五カ所、寺社境内九カ所に限定されてしまいました（『台東区史』通史編Ⅱ）。しかし、天保改革

＊**国定忠治**（一八一〇～五〇）上野国佐位郡国定村（現 群馬県伊勢崎市）の豪農・長岡家の長男。博徒の親分となり、縄張りをめぐって島村伊三郎を殺害するなど、武闘派として台頭したが、脳溢血の後、関東取締出役に捕縛され、関所破を実行した大戸で処刑された。

＊**笹川繁蔵**（一八一〇～四七）笹川河岸（現 千葉県香取郡東庄町）を拠点とする博徒の親分。飯岡助五郎と縄張りをめぐり闘争をくりかえすが、大利根河原の決闘を経過したのち、暗殺された。

＊**黒駒勝蔵**（一八三二～七一）甲斐国上黒駒村（現 山梨県笛吹市）の名主であったが博徒となる。清水次郎長との縄張り争いに敗れる。明治維新後、かつての悪事が露見し処刑される。

神田明神

両国橋

が失敗に終わると、寄席の経営は「勝手次第」となります。幕末の江戸には、両国橋の東西、浅草寺・神田明神などの境内の他、市中に多くの寄席が存在し、昼は講釈、夜は義太夫《ぎだゆう》節や落語がかけられました。木戸銭は講釈・落語の場合、三六文から四八文であったようです（喜多川守貞『近世風俗志　守貞謾稿』（五））。

弘化二年（一八四五）、父・円太郎は弟子たちからおだてられたのでしょう、七歳の息子を噺家にすべく日本橋本銀町一丁目の「土手倉」という寄席に、小円太という名前で出演させました。しかし、母や義兄・玄昌は猛反対します。これには円太郎も困り、円朝を寺子屋に入れ、読み書きを学ばせることとしました。

二代目三遊亭円生に入門　嘉永六年（一八五三）六月三日、アメリカ東インド艦隊司令長官ペリーが四隻の軍艦（蒸気船）を率いて江戸湾に入り浦賀《うらが》沖に投錨《とうびょう》、幕府に開国を要求してきました。同年七月一八日にはロシア海軍提督プチャーチンが、軍艦四隻を率いて長崎に来航し開国を要求しました。欧米列強による典型的な砲艦外交です。ちなみに、嘉永六年は「癸丑《みずのとうし》」に当たります。為政者・知識人は幕末の激動を「癸丑以来」の出来事として認識していきます。

ペリー来航は江戸湾での出来事であり、江戸の庶民もこの騒ぎに巻き込まれていきます。幕府は「世上静謐《せじょうせいひつ》」のために、芝の増上寺などに異国退散の祈祷を命じました。時代がかった対応で、まるで元寇《げんこう》の時のようです。江戸湾警備の川越・忍・会津・彦根の四藩をはじめ、小田原藩・佐倉藩などの江戸近辺の諸藩も海岸警備に出兵しました。これらの諸藩から幕府への情報伝達の早馬が、昼夜を問わず行き交います。

老中首座であった阿部正弘は、ペリーの国書を諸大名や幕臣に示し、意見を求めました。これによって、従来、幕政に直接関与できなかった親藩・外様大名たちの発言力が高まっていきます。また、庶民からの上書も受け付けています。有名なものは吉原遊女屋久喜万字屋《くきまんあざや》藤吉《とうきち》の上書です。これは『藤岡家日記』*に出ています。なかなか、面白い内容なので紹介しておきましょう。

公儀は、私どもに漁船一〇〇〇艘を自由にさせてもらいたい。私たちは、漁師のふりをして外国船に接近、乗船して、異国人が欲する薪水《しんすい》、食料を差し入れて懇意になり、外国船の上で酒宴など催し、これと同時に、船中を探索し、

＊『藤岡家日記』　古本屋を経営していた須藤由蔵による日記・記録帳で、文化元年（一八〇四）～明治元年（一八六八）が記述の範囲となっている。江戸を中心とした様々な情報が集められている。とくに安政の大地震に関する情報量が多い。

火薬のありかを見付け、火をつける準備をしておく。そして、酒宴では、わざと仲間同志で騒ぎを起こし、これをきっかけに、「鯉庖丁《こいほうちょう》」で異人に襲いかかり、片っ端から斬捨てる。さらに、火薬庫に火をつける。このやり方で、一〇〇〇艘の漁船から四〇〇〇人が乗り移れば、八隻の異国船に対して勝利を収めることができる。この作戦では、私たちも過半数が焼死するだろうが、「御国恩」のため覚悟はしている。

勇ましい限りの上書です。計画の実効性はまずありませんが、庶民までがこのような意識をもっていたことが面白いと思います——単純にナショナリズムに結び付けることはできませんが——。武具を買い求める大勢の武士たちも現れ、江戸の町は騒然としてきました。物価も高騰し始めます。ところがこのような中でも、江戸っ子は洒落の効いた狂歌・川柳を詠んでいます。

古は蒙古をおそれて伊勢の神（伊勢守） 今はあべこべ（阿部） 伊勢がおどろく

——ペリー来航当時の老中首座が阿部正弘*（伊勢守）だったので、これを揶揄したものです——

武具馬具師 亜米利加様と そっといい

——これは、説明はいらないでしょう——

ペリー来航より、少々遡る嘉永二年（一八四九）、円朝は、下谷池之端茅町《したやいけのはたかやまち》にあった寺子屋に通っていました。円朝の初学の様相は、厳格な玄昌も満足するものであ

＊ 阿倍正弘（伊勢守）（一八一九～五七）天保七年（一八三六）、備後福山藩主となる。弘化二年（一八四五）、老中首座に就任、ペリーの開国要求などに対処し、日米和親条約を締結する。安政の改革を実行し、海軍伝習所・洋学所などを設立した。

ったようです。しかし、円朝は寄席での高揚感が忘れられなかったようで、だんだん勉強がおろそかになっていき、円太郎は、息子を噺家に寄席に出したくてしかたなく、自分の師匠である二代目三遊亭円生《えんしょう》に入門させてしまいます。円朝は、師匠の住宅がある四谷に住み込み修行を始めます。この修行は嘉永二年（一八四九）、円朝一一歳まで続きました。円生が湯島大根畑《ゆしまだいこんばたけ》へ転居したことを契機に、円朝は実家に戻されたようです。このころ、父・円太郎は長期の地方巡業に出ていました。ひどいもので、彼からは音沙汰なく送金すらも有りませんでした。この時期でも円太郎は、いいかげんな父親でした。

「黒船来航風俗絵巻」

円太郎不在のため、一家は円朝の微々たる稼ぎで生活していました。円朝は二つ目に昇進しましたが、三度の食事にも困るような状態でした。江戸時代、噺家の真打昇進とは難しいものでした。

玄昌は母と相談して、円朝を商売の途に進ませようと、下谷池之端仲町にある紙商に奉公に出しました。円朝は二年ほど奉公を続けましたが、病となってしまい結局、暇乞《いとまご》いし実家にもどっています。よっぽど、奉公がむいていなかったのでしょう。すると、席亭から出演しないかとの誘いが来て、円朝は再び寄席に出ることになりました。また同時に、円朝は当時名声をほこっていた浮世絵師・歌川国芳《くによし》*に入門しています。「三遊亭円朝の逸事」（以下「逸事」）には、円朝の画才に国芳も期待していた、とあります。ところが円朝はここでも病気となってしまい、修行の期間は短く終わってしまいます。この時の絵師としての修業が鳴物噺の演出に繋がっていくのですが、それは後年のことです。ちなみに同門には後「血みどろ絵」で有名になる月岡芳年《つきおかよしとし》*がいました。

谷中・長安寺

　このころ、ようやく円太郎が旅から帰ってきました。しかし、彼は妾《めかけ》をもち別居してしまいます。放蕩三昧の父であり、母すみの苦労は続きます。

　一方、誠実な玄昌は順調にキャリアを積み、南泉寺を出て長安《ちょうあん》寺（谷中）の住職となり、母と円朝を引き取り養育することになります。円朝は、長安寺で噺の稽古をし、ここから寄

＊ **歌川国芳**（一七九八～一八六一）本名・井草孫三郎。初代歌川豊国の門人、武者絵を得意とした。

＊ **月岡芳年**（一八三九～九二）本名・吉岡米次郎。歌川国芳に師事。歌舞伎や軍記物を素材にした〝血みどろ絵〟（残酷絵）で有名になる。

＊ **林復斎**（一八〇一～五九）林述斎の四男。幕府儒者で大学頭就任。

＊ **タウンゼント・ハリス**（一八〇四～七八）ニューヨーク州出身。安政三年（一八五六）初代駐日総領事に就任、伊豆下田・玉泉寺を総領事館とする。

＊ **堀田正睦**（一八一〇～六四）文政八年（一八二五）、下総佐倉藩藩主となる。天保一二年（一八四一）、老中就任。安政二年（一八五五）、老中首座となり、日米修好通商条約の勅許を孝明天皇にもとめたが失敗し、

席に出勤しています。玄昌は芸にうちこむ円朝に、噺の稽古と坐禅の修行とを融合させるように指南しています。円朝はこれを忠実に実行し、集中力を高め、一念に稽古に打ち込み実力をつけていったようです。

史料を確認した限り、円朝の周辺からペリー来航による政治・社会の混乱などの様子を見出すことはできませんでした。この頃、円朝の迷いは続き、父は無責任、母は苦労がたえず、義兄は篤実でした。

三遊派再興の決意と師匠・円生との軋轢

安政元年（一八五四）正月、七隻の軍艦を率いて再びペリーが来航し、老中阿部正弘の命令を受けた全権林《はやし》復斎《ふくさい》*との間で、日米和親条約が締結されました。幕府は避戦を貫いたわけです。和親条約とは遠路航海してきたアメリカ船に食料・水・燃料を与えるというものであり、一種の仁の施しである、という解釈もありました。まぎれもない不平等条約であったことは事実ですが。

安政三年（一八五六）、日米和親条約に基づいて、米駐日総領事タウンゼント・ハリス*が下田に着任します。ハリスは、英・仏の軍事的脅威を強調しながら、幕府に通商条約の締結を迫っていきます。老中堀田正睦《ほったまさよし》*は避戦の方針を維持しつつ、孝明天皇*の勅許により尊王攘夷派の反対を抑え、通商条約の調印にのぞむつもりでした。しかし、孝明天皇は勅許を拒否、条約締結問題は頓挫してしまいます。またこの時期、一三代将軍徳川家定*の跡継ぎ問題も起こり、堀田は徳川斉昭《なりあき》*らと与して、一橋

将軍継嗣問題もからみ罷免される。

＊ **孝明天皇**（一八三一〜六七）仁孝天皇の第四皇子。母は藤原雅子。幕府によるアメリカとの修好通商条約締結の勅許要求を拒否、井伊直弼が、無勅許で修好通商条約に調印したため、一時譲位を表明した。

＊ **徳川家定**（一八二四〜五八）徳川家慶の四男。嘉永六年（一八五三）、第一三代徳川将軍就任。病弱のため、老中阿部正弘が政務を補佐した。

＊ **徳川斉昭**（一八〇〇〜六〇）徳川治紀の三男。文政一二年（一八二九）、常陸水戸藩主となり、藤田東湖・会沢正志斎らの人材を登用した。ペリー来航に際して幕政参与となるが、日米修好通商条約締結や将軍継嗣をめぐる問題で大老井伊直弼と対立し、安政の大獄で蟄居処分をうけた。

慶喜《よしのぶ》を推し、徳川慶福《よしとみ》（紀州藩主）を支持する井伊直弼《なおすけ》*らと対立していきます。堀田が勅許問題に失敗した直後、井伊直弼は大老に就任し堀田を罷免、慶福を一四代将軍に就け（家茂）、日米修好通商条約の調印を断行しました。

水戸斉昭ら一橋派や、尊王攘夷派は通商条約調印を天皇の意志を無視する違勅《いちょく》であると幕府（井伊直弼）を批難します。たとえば、吉田松陰*は「アメリカの武力に屈した通商条約締結によって、日本の威信は地に墜ちた。通商が開始されれば、日本の経済は大混乱し、耶蘇＝キリスト教も持ち込まれ秩序社会は崩壊する」と憤り、老中間部詮勝《まなべあきかつ》*の暗殺を企図しています。

こうして、ペリー来航をきっかけに武威という政治理念は崩れていきます。幕藩領主の頂点に君臨していた幕府が、アメリカの武力に屈したのですから。

一方、反対勢力の動きを井伊直弼は徹底的に弾圧していきます。安政五年（一八五八）、安政の大獄の始まりです。百余人が投獄され、吉田松陰ら八名が処刑されました。政治意見の対立を暴力によって解決するという、暴力＝政治的テロの扉が開いてしまったのです。

このような、政局の混乱とは関係なく円朝の修行生活は続いていました。安政二年（一八五五）、円朝が一七歳の頃、三遊派は低迷していました。三遊派は、初代円生の頃には古今亭志ん生（初代）*・金原亭馬生《きんげんていばしょう》（初代）*・司馬竜生《しばりゅうしょう》（初代）などを輩出し盛大でした。三遊亭円生（初代）・林屋正蔵（初代）*が編纂した『東都噺者師弟

＊井伊直弼（一八一五〜六〇）井伊直中の一四男。嘉永三年（一八五〇）、近江彦根藩主となる。安政五年（一八五八）、大老就任。将軍継嗣問題や、日米修好通商条約の締結をめぐって、前水戸藩主徳川斉昭ら一橋派と対立。勅許を得ずに日米修好通商条約を調印し、和歌山藩主徳川慶福を第一四代将軍とした。

＊吉田松陰（一八三〇〜五九）杉百合之助の次男。長州藩士。山鹿流兵学師範・吉田家の養子となる。嘉永年間から、諸国を遊学。江戸において、佐久間象山に師事。嘉永七年（一八五四）、下田沖のアメリカ軍艦に接近、密航を図るが失敗し、萩に幽閉される。その間、松下村塾をひらき、久坂玄瑞・高杉晋作らを指導する。安政六年（一八五九）安政の大獄で処刑された。

＊間部詮勝（一八〇四〜八四）間部詮熙の三男。文

浅草・金竜寺

系図』（天保七年〈一八三六〉刊行）には、三遊亭ゆかりの噺家が書き上げられています。故人もいますが、総勢二一三人にも上ります。これに対して、嘉永五年（一八五三）刊行の船遊亭扇橋《せんゆうていせんきょう》編纂『落語家奇奴部類《はなしかきぬぶるい》』には、二代目三遊亭円生の弟子は一〇人と記されています。さらに、二代目円生が老体となった安政期、彼の弟子は円朝・円太郎・円蔵の三名だけとなってしまいました。円生には人間として問題があり、これが影響していたのかもしれません。おいおい見ていきましょう。

安政二年（一八五四）、円朝は浅草の金竜寺にある初代三遊亭円生の墓に参り、三遊派を再興することを祈願します。また、三遊派で今までだれも用いたことのない名を欲し、玄昌と円生の了解の下、円朝と改名しました。一七歳の時です。迷いを捨て、覚悟を決めた三遊亭円朝の誕生です。

以後、円朝は三遊派の再興のために邁進していきます。「故三遊亭円朝」には、稽古・修行だけではなく、よい客とのコネを求めるなど、円朝は自らを売るための戦略も立てて

化一一年（一八一四）、越前鯖江藩主となる。天保一一年（一八四〇）、老中就任。安政五年（一八五八）、井伊直弼に起用され老中再任。日米修好通商条約に勅許をえるため朝廷工作を実行しつつ、尊王攘夷派を弾圧したため、「青鬼」と呼ばれた。

＊**古今亭志ん生（初代）**（一八〇九〜五七）初代三遊亭円生に入門。天保の頃、古今亭志ん生と改名。目や足の障害というハンディキャップがあったが、名人とうたわれた。

＊**金原亭馬生（初代）**（？〜一八三八）四代目・坂東三津五郎の兄。初代三遊亭円生に入門。のち金原亭馬生と改名する。道具入り芝居噺を得意とした。

＊**林家正蔵（初代）**（一七八〇〜一八四二）初代三笑亭可楽の門下。怪談噺の創始者。

下谷・池之端七軒町付近

いたことが記されています。また、芝居掛かりの人情話に骨を折り団十郎の声色をまねたりするが「いたって稚拙であった」ともあります。志は高いが、芸の道は遠く、円朝が〝名人〟の名声を得るのは、まだまだ先です。

円朝に大きな転機が訪れます。彼が外神田広小路の「川芳《かわよし》」という寄席に出演していた時のことです。なんと弟子志願者が訪れたのです。若い円朝は、三遊派の栄える端緒にもなるとして大いに喜び、彼に円三を名乗らせました。円朝最初の弟子です――この弟子の本名は豊次郎といい、神田の鮨屋の職人でした――。すると、またもう一人弟子が入門してきました。円朝は、この弟子には小勇との芸名をつけました。自宅が手狭となったので、母すみを玄昌の居る長安寺に置き、円朝は弟子二人とともに、下谷・池之端七軒町の裏長屋へと引っ越します。男所帯なので、円朝が、手拭いをかむり、赤い襷《たす》き掛けで朝から食事の用意などをしていたようです。芸の途上にある若い円朝と、同世代の弟子たち、毎日がまるで、ゼミ合宿のようです。おそらく、夜な夜な大志を語りあったのでしょう。円朝一門の結束は師弟の共同生活の中から生まれたのです。

安政二年（一八五五）の頃、弟子ができ稽古に励んだ円朝ですが、まだまだ噺は下手で、早稲田（場末）の素人寄席程度に出演していました。そこで、安政の大地震に遭遇します。

大地震は、安政二年一〇月二日夜四つ時（午後一〇時頃）、関東一帯を襲いました。江戸では、武家屋敷から町人の長屋まで、大半が倒壊し火事も起こり、大混乱となりました。町方だけでも、死者約四〇〇〇人、潰家約一五〇〇〇軒とあり（『東京百年史』第一巻）、とくに下町の被害が甚大であったことがわかっています。吉原も焼けています。幕府は翌日から、諸商人の施行を奨励しつつ、浅草広小路・上野山下火除《ひよけ》など五カ所にお救い小屋を建て救済活動を開始しました。

円朝が住んでいた七軒町の長屋もつぶれました。谷中の長安寺は本堂が倒壊しましたが、幸いにも母と義兄は無事でした。

明治一九年（一八八六）、円朝が『やまと新聞』に連載した「蝦夷《えぞ》錦《にしき》古郷《こきょう》の家土《いえづ》産《と》」（『円朝全集』第三巻）という噺にも安政大地震のことは以下のように語られています。

> 世界には天変地異ということは度々ありますが、其中でも安政の大地震は一通りナラン大変で御座いました（中略）。どうも地震は陰気なもので（中略）、実に地震は能くないもので、安政の大地震、これは実に気が転倒いたします訳で

と始まり、地震の被害を長々と語っています。噺の「まくら」のほとんどは安政の大地震が占めています。明治一〇年代後半にいたっても、天災としての地震は、江戸（東京）の人びとすべてにとって共通の経験、記憶として生きているのです。

ところで、翌安政三年には、地震の復興で江戸は銭廻りが良くなったとも言います。円朝は中入り前に出演できるようになりました――寄席では、最後の噺家（トリ）がもっとも重要とされ、中入り前は次席とされています――。そして、寄席の給金も上がったようです。そこで、七軒町表店に自宅を構え、母すみと父・円太郎とも同居し、円朝の給金で暮らせるようになりました。このころ、ようやく父の放蕩も落ち着いてきました。

安政五年（一八五八）、二〇歳になった円朝は、両親を七軒町表店に残し、弟子と浅草茅町の関口という小間物屋の裏店に越しています。この関口とは、「怪談牡丹燈籠」に出てくる栗橋の関口屋のモデルとも言われています（永井啓夫『新判　三遊亭円朝』）。

この頃でも、円朝はなかなか上等の寄席で真を打つことができませんでした。そこで円朝は、オリジナルの手法を考案します。高座《こうざ》の後ろに噺に合わせた道具を飾り、宮神楽《みやかぐら》、算盤《そろばん》などを置き、波の音などの効果音を入れた、芝居仕立ての噺＝鳴物噺を始めたのです。すると評判が上がり、客がよく入るようになりました。

ところで、安政五年といえば、江戸でコレラが大流行した年に当たります。当時、以下のような噂がまことしやかに語られました（篠田鉱造『幕末百話』）。

コレラは浦賀へ来た黒船が置いていった魔法で、異人が海岸へ来て何か洗ったが、その時のアブクが魚の腹に入って、それを食べた人から発症した。黒船にコレラ患者がいて、その死体を捨てたところから伝染した。

ここにある、アブクとは石鹼であったようです。他愛もないデマですが、当時、江戸の庶民は今までに経験したこともない疫病＝コレラを、異人・黒船と結びつけて認識していたのです。実際は長崎に入港したアメリカ海軍軍艦ミシシッピー号の水兵がコレラを発症して、これが日本全土に広まったものでした。異人・黒船といった庶民の連想は正しかったといえます。円朝の周囲では、コレラに関連した騒ぎは見受けられませんでした。

安政六年、二一歳になった円朝は師匠・円生を中入り前に頼み、「よい席」で真を打てるようになれました。永井啓夫はこの「よい席」を下谷にあった「吹き抜」としています（永井啓夫『新判　三遊亭円朝』）。

自信をもった円朝は、その日の演目に合わせ、鳴物噺の準備、道具などを用意していましたが、中入り前（円朝の前）に出演した師匠・円生が、先に同じ演目を高座にかけてしまいました。寄席では、同一の演目を行うことは禁物です。これは、人気の出てきた若い弟子を師匠が嫉妬のあまりいじめる、という陰湿な行為なのです。このようなことが毎晩続いたのです。

円朝は師匠の叱咤激励である、と自分を納得させ、自分しかできない噺（創作噺）へと行き着きます。そして、かつて国芳の門で学んだ、浮世絵の技術を駆使し、鳴物噺で使用する道具、背後の絵などを「一心不乱」に作り始めました。このような逆境の中で、円朝の著名な怪談噺の傑作＝「真景累ケ淵」や「怪談牡丹燈籠」が生まれたのです。そして、円朝は源太という任侠が営む門前仲町の寄席に出演するようになります。ここでは、彼が苦悶していることを知った父円太郎が、中入前をつとめることになりました。この親子共演が評判になり、客の入りもよかったようです。円太郎もよき父親ぶりを発揮したものです。

師匠・円生と絶縁へ

幕末の政局において、政治力を得た孝明天皇は、攘夷の意志を言明していました。一方、桜田門外の変後、幕府（老中安藤信正《のぶまさ》・久世《くぜ》広周《ひろちか》ら）は権威回復と、朝幕関係の融和（公武合体）を目的に、孝明天皇の妹・和宮《かずのみや》と将軍・徳川家茂《いえもち》との結婚（和宮降嫁）を企図しました。孝明天皇は、岩倉具視の判断もありこの策に傾斜し、和宮降嫁が実現します。和宮一行の大行列は中山道から江戸に向かい、一一月一四日、板橋宿から江戸に入りました。ところが、和宮降嫁は幕府が和宮を人質にとった、との風聞を生み、尊王攘夷派によって安藤信正暗殺の計画が進められていきます。翌文久二年正月、宇都宮の豪農・医師・村役人らを母胎とする尊王攘夷派が安藤信正を襲撃しました。坂下門外の変というテロ事件です。これは、尊王攘夷運動＝政治テロの担い手がいわゆる草莽《そうそう》*へと拡大したことを示して

---

*草莽　もとは、民間・在野の人を差す言葉であった。安政期、日米修好通商条約調印に危機感を抱いた吉田松陰が少年を中心に戦闘集団を形成して、老中間部詮勝暗殺計画立案したが、その際の実行部隊として想定されたのが草莽であった（草莽崛起論）。文久～慶応期にかけ、脱藩下級藩士と豪農層による尊王攘夷派・倒幕派が多く生まれ、草莽と呼ばれた。

います。

また一方、安政期から外国人を殺傷するテロ事件（異人斬り）も多く発生していました。文久二年（一八六二）八月、薩摩藩士が、島津家の大名行列を横切ったイギリス商人を殺害する生麦事件が発生しました。イギリス政府は犯人の処罰と賠償請求とを幕府と薩摩藩に突きつけました。同時に、イギリスの軍艦が江戸湾に来航し威圧をかけてきました。フランスも陸兵を横浜に集結させました。幕府は、大名・旗本に戦争準備を命じ、江戸市中の女・子供・老人に対して避難勧告を出しています。生麦事件をきっかけに、列強との戦争の危険がせまってきたのです。幕府が賠償金を支払ったことにより江戸・横浜での戦闘は回避できました。しかし、薩摩藩は賠償金支払いを拒否したため、薩英戦争が起こってしまいます。生麦事件をめぐる外国との交渉過程において、幕府には尊王攘夷派や薩摩藩を制御できないという事実と、国権が幕府と朝廷に二元化されている、ということが内外に露呈され、幕末の政局はさらに不安定となっていきます。同時に、江戸の治安も悪化していきました。

文久期には、横浜開港以降続いていた物価上昇がさらに加速しました。江戸市中で、不穏な空気が醸成され、多くの人びとが困窮している時に、異国人と交易して利を得ている商人には「天誅《てんちゅう》」を加える、という張紙が日本橋をはじめ各地に貼り出されました。文久三年一〇月、一〇人もの商人が殺害されています。江戸は騒然としてきました。

一方、円朝はというと、師匠・円生とのトラブルが続いていました。その頃、円朝には小勇という「放蕩者」の弟子がいました。彼は円朝の下に来なくなり、円生に媚びへつらい、そのあげく円生の弟子になってしまい、円太との芸名まで貰いました。さらに、円太はなんと、鳴り物噺をはじめ、真打となったのです。気になった円朝は、弟子の春朝をつれ、下谷広小路の寄席「三橋亭」へ客として円太の噺を聞きに行きました。高座から円朝師弟を見つけた円太は、彼らが寄席を荒らしに来たと騒ぎ立てます。当時、噺家が客席から他者の高座を観るということはタブーとされていたのです。円朝の人気をねたんでいた円生は激怒、円朝に土下座させ、円生・円太をはじめ前座・下足番にまで謝罪させ、詫証文《わびしょうもん》をとったのです。円生とは器量の狭い人物で、こうなるともはや老害ともいえましょう。この事件がきっかけとなり、円朝は師匠・円生と絶縁状態となります。

義兄・永泉（玄昌）と師匠・円生の死

ところがその後、円生は風邪をこじらせて病となり、三人の娘もいて生活にも困るようになりました。しかし、あの円太は見舞いに来ません。円生を助ける弟子が一人もいないということを聞いた円朝は、円生のもとを頻繁に見舞い、金銭の援助も行っています。しかし、老齢の円生の容態は一向によくなりません。

文久元年（一八六一）、円朝二三歳、さらに人気は上昇しています。円朝は浅草中代地の表店に転居することになりました。このころ、玄昌は僧位を進め、永泉と改名し、小石川の是照院《ぜしょういん》へ転住していました。そこで、円朝は両親を中代地へ引き取り、親子三人と、増えた弟子数人と暮らし始めました。

翌文久二年正月、少々病気が回復した円生が、礼を述べに訪問してきました。二人のわだかまりも解けたようです。しかし、円生は帰宅後、再度発病し死去していきます。円生は菩提寺である下谷池之端の大正寺《たいしょう》に葬られました。この年、円朝が敬慕していた義兄永泉（玄昌）が発病し看護もむなしく永眠してしまいます。円朝の悲しみは察するに余りあります。

「垢離場」で真打となる

文久という時代が終わりました。混迷する政治と治安の悪化という情勢は続いています。ここまで、紹介してきた桜田門外の変などの政治テロには、水戸藩の過激な尊王攘夷派が関与していました。そして、彼らは幕府に攘夷の決意を促すべく、元治元年（一八六四）三月、筑波山に挙兵しました。天狗党と称した彼らは、当初、藤田小四郎*をはじめ、郷士・神官・豪農ら六〇余名でしたが、北関東を中心に、豪農・豪商から資金を強奪しつつ兵力を拡大、追討に向かった幕府軍や、水戸藩の敵対勢力との戦闘などを経験していきます。円朝の「蝦夷錦古郷の家土産」という噺には天狗党の乱が登場します。円朝はこの事件について「是は今更申さんでも、皆様御案内で御坐《ござ》いますから」とし、また、

是があの時分の戦争の初めで、私共は江戸にいて其話しを聞て

＊　藤田小四郎（一八四二〜六五）藤田東湖の四男。常陸水戸藩士。文久期、京都において、桂小五郎・久坂玄瑞ら、長州の尊王攘夷派と交流。元治元年（一八六一）、天狗党として筑波山で挙兵。京都に向かう間、関東・信州各地で、鎮圧に向かった幕府・諸藩と交戦、越前で加賀金沢藩に投降し、処刑された。

両国「垢離場」付近

も余りよい心持は致しませんで御坐いました と語っています。円朝は江戸から遠く離れた常陸・下野での騒乱の有り様を心配していた、というのです。これは二重の意味で重要です。一つ目は、円朝は北関東を舞台にした作品を多く残しているように、この地域に対する思いが強いということ、二つ目は「彼の時分の戦争」という語りにみるように、「蝦夷錦古郷の家土産」が連載された時期——戊辰から二〇年が経過した段階——でも、戊辰戦争とはまだ、東京の人びとの記憶に残っている、という点です。江戸市中は直接、天狗党の乱の影響を受けていませんが、仁政・武威の崩壊とともに、社会全体が暴力によって覆われ始めたのです。円朝の噺にはこのことに対する不安が表現されているといえます。

この時期、政局は京都に移りました。元治元年七月、禁門《きんもん》の変が起こり長州藩は京都から追放されます。幕府は長州藩征討を命じると同時に、江戸の長州藩上・中屋敷を破却しています。江戸中の火消人足七千人を集めて打ちこわした、というのですから大層なものです。また、幕府と長州藩との戦争は、物価騰貴にさらに拍車をかけ、庶民の困窮は深まるばかりです。

この元治元年という年は、円朝にとっても忘れられない年です。二六歳になった円朝は、一流といわれる両国「垢離場《こりば》」の昼席で真打ちとなったのです。当時、昼席を打つ寄席は少なく、両国でも「林屋」「山二亭」「垢離場」の三軒のみでした。「垢離場」は五〇〇人も入る一流の寄席で、円朝は慶応三年までの四年間、昼席で真を打ちました。この頃、出席する噺家の名前を看板に記して門口に掲げたので、真打ちを大看板と称しました。「垢離場」には大看板が四人いたとあります。すなわち、橘家円太郎（父）・船遊亭扇三郎《せんゆうていせんざぶろう》・入船亭米蔵《いりふねていよねぞう》、そして円朝です。円朝の進撃が始まります。収入も上がり弟子も増えていきます。

このころ、円朝の家へ出入りしていた髪結いの手伝いに、四〇歳ほどの落語好きの男がいて、円朝の弟子となりました。円朝よりも一五歳も年上ですが、円朝は彼をかわいがり、三遊亭ぽん太として高座に上げました。

弟子が増えてきて住居が狭くなったため、円朝一家・一門は、浅草裏門代地にあるもと札差の隠居所だった大きな屋敷に転居しています。

上野戦争の経験

慶応二年（一八六六）、薩長同盟が結成され、倒幕への動きは加速していきます。幕府は、第二次幕長戦争を起こしますが、軍制改革を実行した長州藩に敗北してしまいます。江戸ではこの戦争によって再び米価は高騰、同年五月二八日、品川から質屋・米屋・酒屋を襲撃する打ちこわしが発生しました。この打ちこわしは、二九日には芝一帯に広がり、六七軒もの富家が襲撃される事態となりました。そして、九月一七日頃からは、豪商から施行をうけた本所・深川の貧窮民らが、亀戸天神《かめいどてんじん》*・霊巌寺《れいがん》*・回向院《えこういん》*の境内において粥の炊き出しを始めました。この貧民たちによる行動は江戸市中に拡大し、山の手地域にも波及し、しだいに不穏な空気を帯びはじめ、日本橋の豪商が打ちこわされるという事態にまでなりました。五月の打ちこわしも、九月の騒ぎも、将軍家茂が長州藩との戦争に出陣し、江戸を留守にしているという政情不安の中で発生したものでした。

なんとしても倒幕のきっかけをつかみたい薩摩藩は、慶応三年（一八六七）、浪士・豪農・任侠《にんきょう》など多様な人びとを集め、関東各地において幕府を挑発する行動を取らせました。これと平行して、三田の薩摩藩邸に出入りする浪士たちが、江戸市中において強盗を行うなどの破壊活動を始めています。これに対して、幕府は薩摩藩邸攻撃を命令、これを受けた鯖江藩・庄内藩などが薩摩藩邸を焼き討ちにし、浪士たちを殺害・捕縛していきました。この事件をきっかけに、鳥羽・伏見の戦いへと突入していくわけです。薩摩藩の暴力的な市中攪乱作戦によって強盗と殺人の渦中となった江戸は大混乱に陥りました。えげつない薩摩藩は将来にわたり江戸っ子たちに嫌われていくのです。

政治動向にはほとんど触れていない「伝」にも「このごろ世上なんとなく物騒が

＊**亀戸天神**　東京都江東区亀戸にある。祭神は菅原道真。亀戸天満宮・亀戸神社などとも呼ばれる。

＊**霊巌寺**　東京都江東区にある浄土宗の寺院。寛永元年（一六二四）霊巌上人が開山。のち、関東一八檀林の一つとなる。明暦三年（一六五七）の大火（明暦の大火）によって焼失し、万治二年（一六五九）、深川海辺新田に移る。松平定信の菩提寺である。

＊**回向院**　東京都墨田区両国二丁目にある浄土宗の寺院。幕府は、明暦の大火による死者を埋葬し、その上に漏沢園（無縁塚）を築いた。のち、この上に本堂が建立された。天明元年（一七八一）から境内で勧進相撲が興行されるようになる。山東京伝や鼠小僧次郎吉の墓がある。

しく」として薩摩藩邸焼き討ちの様子を伝えています。円朝の周囲も「人心おのずから穏やかならず」という状況となってきました。

慶応四年正月、鳥羽・伏見の戦いの後、諸大名は在所（領地）に帰国し始めます。円朝の本家である、大聖寺藩家臣の出淵十郎右衛門家も藩主に従って帰国することになりました。出淵本家当主が江戸を離れるということで、円朝は出淵本家の屋敷を訪ね、別れを惜しみました。

同年五月一四日、円朝が日本橋瀬戸物町の寄席「伊勢本《いせもと》」に急いでいると、柳橋界隈では官軍によって通行が禁じられていました。しかたなく、円朝は寄席を休席して自宅にもどり、事態を不信に思っていました。翌一五日、上野東叡山の方角から砲撃の音が響いてきました。上野戦争の始まりです。

ぽん太の語り　円朝の弟子たちは一人も帰ってきません。円朝が心配していると、ぽん太が帰ってきました。ぽん太の語りから、当時の緊迫しつつも、ユーモラスな様子が分かります。彼の語りを要約しておきましょう。

師匠円朝が休席したので、同門の仲間達とそろって寄席「伊勢本」を退席して浅草見附まで来たが、通行できないので、柳橋を回ったところ、ここも通行止となっていた。そこで、同門の勢朝の家に泊めてもらった。今朝になって浅草見附の方をみると、刀・鎗・鉄砲で武装し、「赤い毛」をかぶった「軍人」のような人が大勢いたので、「おもしろそう」なので、近寄ると、怖い顔で誰何されたので、自分は噺家で円朝の弟子であると答えると、「一人おとなしそうな人」が、彼は円朝の弟子で「ぽん太という愚かな者」なので、通行させても問題はないだろう、というので、どうにか帰ることができた。

この話を聞いた人たちは、よくあの厳重な通行止めをしている浅草見附を通ることができたものだ、「さすがはぽん太」だと感心したそうです。この話については、本当かなあ、という気もしますが、事実であったとすると、薩長の兵にまで円朝一門のことが知られていた、ということになります。

寛永寺

円朝も「話の種」になるだろうと思い、父・円太郎の止めるのも聞かず、浅草見附から柳橋の方へ様子を見に出かけました。円朝は、浅草見附の橋詰めに、青竹で囲いをした中に、幕臣の「血汐《ちしお》に染まりたる生首」が晒してあるのを目撃しました。彼は「大いに話を利せし」と思ったようです。このように、上野戦争は当初、下町の江戸庶民にとっては他人事であったようです。

上野戦争は慶応四年五月一五日未明、官軍の攻撃から始まりましたが、彰義隊の一〇倍の兵力と、アームストロング砲などの近代兵器を擁する官軍の圧倒的勝利に

不忍池から上野の山を望む

終わりました。戦闘終結後、生き残った彰義隊士（旧幕臣）は、ちりぢりになって江戸市中に逃走しました。これを「官軍」が討伐していくわけです。この頃から、様子が変わります。庶民の生活にも戦闘の余波が及んでいきます。三代目中村仲蔵《なかぞう》＊の自伝『手前味噌』には、「上野の落人」「落武者」たちが江戸市中を逃げている様子が描かれ、もしこの戦争が長引いたならば「江戸市中も修羅の街と成り、夫こそ市民塗炭に苦し」むとあります。

慶応四年七月、東北地域での戦争が続く中、明治天皇の江戸行幸が決定され、ついで江戸は東京と改称され、東京府が設立されました。ちなみに、東京の読みは当初「とうきょう」「とうけい」と両方であったようです。

九月、明治に改元、天皇は一〇月一二日に品川宿に到着、翌日江戸城に入っています。天皇一行の行列を一目見ようと、大勢の民衆が押し寄せ、往来を埋め尽くしたといいます。

一方、徳川家はどうでしょうか。慶応四年七月、徳川慶喜は駿府に退き、徳川宗家を継いだ家達《いえさと》＊は駿府城に入りました。旧幕臣の約半分がこれに随

＊ 中村仲蔵（三代目）（一八〇九～六六）三代目代志賀山せいの子。五代目中村伝九郎に入門。文政元年（一八一八）、江戸中村座で初舞台。慶応元年（一八六五）三代目中村仲蔵を襲名、実悪を得意とした。屋号は成雀屋。

＊ 徳川家達（一八六三～一九四〇）田安慶頼の三男。元治二年（一八六五）、田安家を継ぐ。慶応四年（一八六八）、徳川慶喜の跡を継ぎ徳川宗家一六代となり、駿河府中藩主となる。所領は七〇万石。明治二三年（一八九〇）、貴族院議員となる。

い、無禄移住者となり辛酸をなめることになります。維新政府は、旗本・御家人の土地を没収しましたので、江戸に残った幕臣の中には商人となった者もいました。もっとも多い商売が骨董屋だったようです。いわゆる「士族の商法」で、失敗した元幕臣も多く出ました。

三　明治時代の円朝

円朝の結婚

徳川宗家が駿府に移住したことが契機となり、諸藩も江戸藩邸をたたみ、藩士たちは領地に引き上げていきました。明治二年、版籍奉還、明治四年には廃藩置県が実行され、全国に存在した二六一の藩は消滅しました。

江戸の総面積のうち、武家地が約六割を占めていましたが、そこが荒廃していきます。政府は対策として、藩邸の継続使用を認め、接収した武家地を新政府官員たちの邸宅に充当するとともに、桑・茶畑への再開発を行うという布告も出しました。麻布・市ヶ谷・小石川などの山手方面の武家地が一時期、農園となりました。しかし、この政策は長続きせず、明治三年七月、推進者であった二代目東京府知事・大《おお》木《き》喬任《たかとう》*が民部大輔へ転出した後、中止されています。なお、明治四年（一八七二）、

* 大木喬任（一八三二〜九九）もと肥前佐賀藩士。藩校弘道館に学ぶ。幕末には尊王攘夷派として活動。明治維新後、京都府判事などを歴任。その後、東京府知事などを務める。

武家地・町地という名称は廃止、すべて市街地とされました。また、荒廃していた旧武家地には官公庁が配置され、さらに大久保利通や井上馨ら政府高官たちの屋敷地となりました。明治初年、江戸から東京へ、人の動きも含め大都市が大きく変貌していったのです。

明治元年（一八六八）、江戸の争乱状況につき「伝」には「思いのほかにそのことの早くも静まりたりしにぞ」とあります。時代は「ご一新」＝明治維新となりましたが、庶民の日常は連続し、寄席の興行は続き、円朝も高座に出ています。この頃、円朝は父・円太郎の知人であった茶船乗の親分、武蔵屋徳松《むさしやとくまつ》のすすめで、代地（浅草旅籠町《はたご》）へ移転しました。そして、この徳松が席亭を務める浅草茅町の「武蔵野」という寄席の昼席に出ることになりました。円朝が出たおかげで、この「武蔵野」は盛大になったと言います。

代地には、仮名垣魯文《かながきろぶん》*・落合芳幾《よしいく》*ら文人・画人が多く居住していました。彼らが、円朝を贔屓《ひいき》にし、円朝はこれに刺激をうけて芸に精進していきました。円朝三〇歳、芝居噺は受け、派手な衣裳を着込んだ彼は様子もよく、ずいぶん女性にもてたようです。

明治二〜三年の頃、円朝は柳橋の芸者であったお幸を妻に迎えています。彼女は、才女であったらしいのですが、弟子たちには評判が悪かったようです。噺家は内弟子を取りますから、家族同然となります。しかし、弟子にとって師匠は円朝なので、

＊**仮名垣魯文**（一八二九〜九四）明治前期の戯作者。明治四年（一八七一）に『安愚楽鍋』を発表して評判となる。

＊**落合芳幾**（一八三三〜一九〇四）江戸出身。歌川国芳に学ぶ。月岡芳年とならび称された。『東京日日新聞』や『東京絵入新聞』の創刊に参加し、新聞紙上に挿絵をとりいれた。

べつにお幸（おかみさん）に従う必要はない、という意識が生まれます。このへんが難儀なところです。

隠し子問題　ところが、なんと円朝には隠し子がいたのです。お幸と結婚する以前に、河岸の「島金」という茶屋の娘と婚約をしていたことがありましたが、同時に御徒町の同朋衆・倉岡元庵《げんあん》の娘、お里と深い関係となり、朝太郎《あさたろう》という男子をもうけていたのです。円朝はお里・朝太郎を表に出せず、両親にも内緒で養育していましたが、朝太郎だけを家に入れ、お里とは離別することにしました。このお里という女性は大酒飲みで、清元などの芸に堪能であったようです。彼女は円朝と別れた後、吉原の娼妓《しょうぎ》になったようです。その後、円朝は「島金」の娘と結婚することはなく――理由は不明です――、朝太郎がいるところに、お幸が嫁いできたというわけです。円朝の私生活は複雑であり、彼の名声は高まっていきますが、家庭はかならずしも幸福ではなかったようです。

素噺への転向と「塩原多助一代記」　この時期、政府により様々な新政が行われました。明治四年（一八七一）、戸籍法の制定によって江戸時代の身分は解体され、いわゆる四民平等の世となりました。明治六年（一八七三）に政変が発生し、大久保利通*を中心とした政府は、全国の警察権力を集約する内務省を設置しました。翌七年には、板垣退助*らが民撰議院設立建白書*を政府に提出し、この内容が『日新真事誌』に掲載され、自由民権運動が始まります。この時期には、政府の近代化政策

---

* **大久保利通**（一八三〇～七八）薩摩鹿児島藩士。幕末期、西郷隆盛・岩倉具視らと討幕運動を推進し、明治政府を樹立。明治四年（一八七一）、岩倉遣外使節団副使となり欧米に視察に行く。明治六年（一八七三）参議となり、朝鮮外交をめぐり、西郷隆盛・江藤新平・板垣退助らを一掃、同年内務卿を兼任して、佐賀の乱・神風連の乱・西南戦争などを鎮圧する。

* **板垣退助**（一八三七～一九一九）土佐高知藩士。戊辰戦争で総督府参謀をつとめ、軍事的才能を発揮する。明治四年（一八七一）、維新政府の参議となる。民撰議院設立建白書を提出し、郷里土佐で立志社を設立、自由民権運動を始める。

* **民撰議員設立建白書**　明治七年（一八七四）、前参議板垣退助・後藤象二郎・

に反対する、新政反対一揆が日本各地で発生し、身分制度の解体や秩禄奉還、さらに廃刀令によって特権を奪われた士族たちの武装蜂起・反乱も西日本各地で勃発しました。このうち、明治一〇年（一八七七）、西郷隆盛*ら鹿児島士族による西南戦争が最大規模のものです。

翌一一年、大久保利通は、紀尾井坂で不平士族の一人に暗殺されました。社会不安、政治テロは続いています。そして、明治一二年（一八七九）、西南戦争に参加し軍の待遇に不満をもつ近衛砲兵二六〇人余りが、東京府下で武装蜂起する竹橋事件が発生しました。「ご一新」から十年経過しても、政治テロ、農民一揆・武装蜂起

西南戦争錦絵

江藤新平・副島種臣、前東京府知事由利公正らが署名して政府に提出した建白書。大久保利通の独裁を批判し、天賦人権論と納税者参政権にもとづき、国会開設を要望したもので、自由民権運動の発端となった。

＊西郷隆盛（一八二八～七七）薩摩鹿児島藩士。藩主島津斉彬の信任により藩政に参加するが、島津久光には排除され一時流罪とされる。のち許されて、大久保利通とともに藩政の主導権を掌握する。慶応二年（一八六六）、薩長同盟をむすび、薩摩藩を倒幕へと導く。慶応四年（一八六八）の戊辰戦争では、江戸城の無血開城を実現した。明治政府の陸軍元帥兼参議となるが、対朝鮮外交に関して、大久保利通らと対立、明治六年（一八七三）、下野して帰郷、明治一〇年（一八七七）、西南戦争をおこすが敗れて自害する。

などが多発する不安定な状況で、社会には暴力が満ちていたのです。

社会・風俗の様相を見ておきましょう。政府は西欧諸国にあわせ、太陰太陽暦から太陽暦の使用に切り替えることを決定し、明治五年（一八七二）一二月三日を明治六年一月一日としました。国民国家の形成を急ぐ政府は文明開化をかかげ、西欧の諸制度、生活様式を取り入れ、人びとの風俗までも統制していったのです。

明治五年、東京府は違式詿違《いしきかいい》条例を布達しました。これは日常的な秩序維持に関わる軽微な犯罪を対象とした条例で、「裸体・肌脱ぎ」などを取り締まるものです。江戸時代まで、軽犯罪という概念はありませんでしたが、国民国家は庶民の生活・風俗まで介入していきます。東京府には三〇〇〇人もの邏卒《らそつ》*がいて、庶民の日常に目を光らせることになりました。規律化された社会が到来したのです。

一方、欧化も進みました。西洋料理は横浜開港場から始まり、東京でも、築地の精養軒・神田橋外の三河屋などの西洋料理店が誕生しました。しかし、西洋料理は高価であり庶民の手の届くものではありません。そのような中で生まれたのが牛鍋です。栄養によく美味という、キャッチ・コピーが生まれ、牛鍋は庶民にとって開化の味でした。明治四年から五年にかけて出版された仮名垣魯文《かながきろぶん》の『安愚楽鍋《あぐらなべ》』には「士農工商・老若男女・賢愚貧福、おしなべて、牛鍋食はねば開化不進奴《ひらけぬやつ》と」という一文があります。またこのころ、東京で人力車が発明され、一挙に普及していきました。

＊ **邏卒**　明治初期の警察官の呼称。明治四年（一八七一）、最初、東京府下取締りとして三千人が設置され、旧薩摩藩士族が多く参加した。各府県の邏卒は司法省の管轄下に置かれたが、明治七年（一八七四）、内務省の所管に移され、巡査と改称された。

明治五年には福沢諭吉『学問のすすめ』が刊行され、江戸時代に重視された忠といった儒学の徳目を否定し、「一身独立して一国独立する事」を説き、ベストセラーとなりました。しかし、庶民が、このような国民国家のイデオロギーを体現したハイ・カルチャーを理解していたわけではありません。政府が創り出し福沢たち啓蒙思想家たちが喧伝した文明開化の有り様に、反発し、また無関心であった人びとも大勢いたわけです。人びと（生活者）の日常は江戸時代から継続していたのです。

寄席の統制と父・円太郎の死

この時期、政府は国民を統合していくために庶民の娯楽の場である寄席を利用し、国民の教導を企図しました。哲学者ルイ・アルチュセールに依るならば、学校と同じように、寄席も国家のイデオロギー諸装置の一つと言うわけです。政府は寄席に規制をかけていきます。明治三年（一八七〇）、「東京府布達類」によって寄席演目は軍書・講談・昔噺に限定するよう通達され、明治五年（一八七二）には東京府が席亭に税を賦課することとし、寄席は鑑札による免許制とされました。そして、同年、政府は新設した教部省の下に教導職を置き、国民教化のために通達した「三条の教則」の実践を強要していきました。「三条の教則」の拡大解釈によって、寄席での興行は勧善懲悪を旨とすべきとされました。大衆芸能が国家統制の対象とされたのです。

寄席は営業許可制という枷《かせ》によって政府の方針に取り込まれていきます。「無智無学なる下等人種の風俗を改良するの方便は一にして足らずと雖も都会に在ては演劇・講談・落語・人情話等を以て最も早手廻しとす」という発想から「下等社会」の教導に寄席を利用していったのです。

円朝はどう行動したのでしょうか。明治初年、円朝に画期が訪れます。維新（新しい時代）の到来を意識した円朝は、いままで精進してきた鳴物噺《なりものばなし》をやめ、素噺に転向したのです。弟子の円楽に三代目円生を襲名させ、工夫をこらしてきた鳴物道具一式を彼に譲りました。円朝は文明開化を主体的にうけとめ、三遊派の統領として動き始めたのです。

ところが、明治四年（一八七一）、不幸が円朝を襲います。病であった父・円太郎が亡くなったのです。菩提寺は初代円生が眠る浅草の金竜寺としました。

明治九年（一八七六）、三八歳になった円朝は、塩原多助《しおばらたすけ》の物語の創作のため、現地調査として上州・野州方面への長期旅行を実行しています。また同年、本所に転居しています。このころから、円朝は政府高官や民間著名人に接近して行きます。陸奥宗光*・渋沢栄一*の贔屓を受け、陸奥の親・伊達千広から禅の講義を聴き、禅に関心を寄せたようです。千広が死去した後には、槍術の名手であった高橋泥舟《でいしゅう》*から禅とともに剣術の極意を授かり、明治一三年（一八八〇）には「舌を動かさず口を結んで話をできるか」という禅問答への答えを考える中から、「無舌の悟り」に至ったとされます。いままで円朝は「客に受けるか、噺を聞いているか、あくびをしていないか」といった客の反応を気にしていましたが、これを克服したというこ

＊**陸奥宗光**（一八四四～九七）幕末期、坂本龍馬の海援隊に参加。明治維新後、駐米公使・農商務相をへて、明治二五年（一八九二）、第二次伊藤博文内閣の外相に就任し、明治二七年（一八九四）、日英条約改正に成功、日清開戦・下関条約、三国干渉に対応した。

＊**渋沢栄一**（一八四〇～一九三一）生家は武蔵榛沢郡の名主。幕末期、一橋家に仕え幕臣となる。慶応三年（一八六七）、徳川昭武に従い渡欧、西洋の財政制度を見聞する。明治維新後、大蔵省に入り、近代的財政・金融制度の確立に尽力した。第一国立銀行・王子製紙・大阪紡績などを設立。

＊**高橋泥舟**（一八三五～一九〇三）幕府講武所槍術師範となる。慶応二年（一八六六）、遊撃隊頭取となる。明治維新後は隠遁。勝海舟・山岡鉄舟（義弟）とともに幕末三舟と称された。

とです。

「塩原多助一代記」の完成と母・すみの死

この間、円朝はメディアに対して、自らを「教導師」と唱え始めます。大教院《だいきょういん》*の教導職*ではなく、自称にしかすぎませんが、このようなところにも、円朝の文明開化に対する意識・姿勢が現れています。

明治一〇年（一八八七）、落語勧善義会の席で円朝は、桂文治らと申し合わせ「落語家は賤業なれど教導師とも呼る、事なれば、是までの悪弊を一洗して五音の清濁や重言片言を正し（中略）、必ず一席の内に婦女子への教訓になる話を雑へる様に」と語ったといいます（『東京さきがけ新聞』明治一〇年八月十七日）。円朝は、芸人たちの社会的ステータスを上げるため、文明開化の機運を利用して、噺家・芸人の「悪弊」までも「一洗」しようとしていたのです。

明治一一年（一八七八）、ようやく「塩原多助一代記」が完成し大評判となっています。また翌年には、円朝創作の「業平文治《なりひらぶんじ》」が、春木座で歌舞伎興行されました。江戸時代、芸能の世界では歌舞伎が最高ランクで、いわゆる「千両役者」も生まれましたが、落語界に対する世間の評価や、噺家の社会的ステータスは低いものでした。円朝の創作噺が歌舞伎で上演されたのです。落語と歌舞伎との逆転現象です。

明治一〇年代、円熟した円朝の絶頂期が到来しました。しかし、そのさなか、円朝を愛し見守ってきた母すみが死没してしまいます。明治一二年（一八七九）の事

---

* **大教院**　明治五～八年（一八七二～七五）まで存在。教部省が管轄した神道布教のため機関で、教導職を研修する場となった。

* **教導職**　明治五年（一八七二）、神道による国民の教化を目的として政府により設置された。多くは神官・僧侶などが就任した。明治一七年に廃止される。

でした。

円朝の時事ネタ　一九世紀型の国民国家とは、国民に納税・徴兵の義務を課す一方、議会を開設し国民に政治参加の途を開き、資本主義経済を進め、帝国として領土を拡張していきました。ただし日本の場合には国民は天皇の臣民とされ、主権者とはなれませんでした。憲法と国会は、国民国家に必要な要素であり、政府がこれを拒否したことはありません。争点は、憲法・議会のスタイルと、設置時期をめぐる問題となっていきます。政府は、新聞紙条例などで自由民権運動を弾圧する一方、明治一一年（一八七八）に制定した府県会規則*などにより国会開設への準備を進め、翌一二年には、日本各地に府県会が設定され、民権派議員が地方議会に参入していきます。同年、東京府会も開催されました。

時代の合い言葉は「自由・民権」となり、このスローガンに乗っ取って、民権派は藩閥政府を批判・攻撃しました。しかし、現実はそう単純ではありません。時代の〝最先端〟の雰囲気から文明開化ははやり言葉となっていましたが、当時の庶民がみな『学問のすすめ』や『文明論之概略』を読み、自由党の演説会に出ていたわけではないのです。彼らが「自由・民権」という高度な理念を理解していたわけではありません。円朝も噺のマクラに時事ネタを話すこともありましたが、それは自由民権運動に直結したものではありませんでした。

明治一四年（一八八一）、政変*が発生し、自由民権運動の局面は大きく変わります。

＊**府県会規則**　明治政府が、自由民権運動に対する懐柔策として地方議会の設置を認め、明治一一年（一八七八）、郡区町村編成法・地方税規則とともに、公布された。これにより、翌年から各府県に府県会が設置された。

＊**政変**　明治十四年（一八八一）、自由民権運動の高揚を背景に、国会開設・憲法制定をめぐる政府内部の対立から、開拓使官有物払い下げ事件を契機に、漸進派の伊藤博文らが急進派の大隈重信（参議）らを政府から追放したいわゆる明治一四年の政変。

しかし、庶民にとっては、それよりも松方正義が大蔵卿に就任して、デフレ政策（松方デフレ）*をすすめていったことこそが重大でした。時代は一気に不景気となり、東京には貧民窟（スラム街）が形成され、経済格差が開いていきます。庶民がいくらがんばっても、政府や啓蒙思想家が語ったような立身出世など、夢のまた夢という社会が到来したのです。翌一五年、東京ではまたコレラが発生しています。暗い時代となって来ました。

「珍芸」と円朝

この頃、東京の寄席では「珍芸」というものがはやっていました。これについては、矢野誠一が『三遊亭円朝の明治』の中で詳しく紹介しています。寄席四天王と呼ばれる噺家が登場し、一世を風靡しました。明治一三年（一八八〇）、円朝の弟子となった三遊亭円遊がはじめた「ステテコ踊り」が発端です。彼は一席演じたあと、立ち上がり、着物を端折り股引姿になって

よいよいよいやさ、向こう横丁のお稲荷さんに、惜しいけれども一銭あげて

と歌い踊り出したというのです。芸ともいえない、しょうもないものですが、噺家が立ち上がり、歌い出したので客は熱狂したというのです。その後に、三遊亭万橘《まんきつ》が、赤い手ぬぐいで頬被りをして「へらへらへったら、はらはらは……」と踊り、四代目立川談志が「郭巨の釜掘り」を始め、四代目橘家円太郎が「おばあさんあぶないよ」と叫びラッパを吹き始めました。暗い時代だからこそうけたギャグで、当時これを「珍芸」と称したわけです。現代のお笑い界と同じで、彼ら四人が人気が

＊　デフレ政策（松方デフレ）　明治一四年の政変によって脚した大隈重信に代わって大蔵卿に就任した松方正義は、紙幣整理（不換紙幣の回収）を強力に進め、さらに、日本銀行を設立して、兌換紙幣を発行したため、急激なデフレが始まる一方、近代産業・企業勃興の素地を形成することになった。

あったもの二年ほどで、円遊以外の三人は忘れ去られていきました。いわゆる一発屋というやつです。一門のなかから円遊の人気を妬んだ者が円朝に「珍芸」の差し止めを願い出た際、円朝は次のように語ったそうです。

いかに円遊でも生涯ステテコを踊っていられるものではない、売りだそうというには一拍子変わったことでなけりゃあいけない、おめえがたも、ステテコへラヘラの向こうを張って新物をはじめるに限る、わたしも若いうちはいやなまねもしてきたものさ

これを聞いた円遊は一晩泣いたそうです（『逸事』）。

のち、円遊は、円朝のような長編連続物ではなく、一席物の滑稽噺のジャンルを確立し、名人へと成長していきます。

『怪談牡丹燈籠』の出版と元勲への接近

明治一七年（一八八四）、円朝創作の『怪談牡丹燈籠』が東京稗史出版会社から公刊され、円朝の人気はさらに高まります。坪内逍遙《つぼうちしょうよう》は、出版された『怪談牡丹燈籠』を読んで感動し、二葉亭四迷が口語体小説『浮雲』執筆で苦心した際に、即座にこれを参考にするようにと伝えたそうです。松山から東京に出てきた正岡子規は、明治一七年（一八八四）に執筆した『筆まかせ』の中で、「寄席に遊ぶことしげく」と語り、言文一致体運動を「無暗に主張する人」や、これの「尻馬に乗る人」を批判し、言文一致とは、円朝の噺の速記のようであるべきだ、と語っていました。

＊井上馨（一八三六〜一九一五）長州藩出身。文久三年（一八六三）、伊藤博文らとイギリスに渡航、帰国後、開国倒幕派に転じる。明治維新後は、大蔵大輔に就任、のち三井物産を設立。第一次伊藤博文内閣の外相

明治一九年（一八八六）、円朝四八歳の時に「落語家中の親玉」との世間の評価が定着しました。同年、円朝は井上馨*たちの北海道視察旅行に随行しています。井上馨の自伝『世外井上公傳』第三巻によると、北海道視察旅行の目的は、開拓使官有物払い下げ事件後、北海道を政府直轄とするにあたって、海産業の様子と農民の状況を確認することにありました。北海道で、アメリカ式の大農業を展開していくためです。井上馨・山県有朋*が中心となり、内務省・外務省・農商務省の官僚、実業家・新聞記者たち、総勢数一〇名にものぼっていました。噺家の円朝がなぜ参加しているのか、理解に苦しみますが、この時期、彼が元勲・高官と密接な関係を形成していたことの証左と言えます。明治初年までの円朝の交友関係は、文人を中心にしていたのですが、名声が上がるにつれ、交友関係にも変化がでてきたということでしょうか。しかし一方、本来彼の客である、庶民との乖離がはじまっているともいえそうです。円朝は〝偉くなってしまった〟のでしょうか。円朝はこの時の北海道旅行の経験から、「蝦夷錦古郷家土産」「椿説蝦夷なまり」などの噺を創作しています。

三遊塚建立　停滞していた自由民権運動の立て直しのために星亨*らが始めた大同団結運動は、明治二〇年（一八八七）に入ると活発になり、反政府への姿勢を強めていきました。これに対して、政府は同年、保安条例を発令して弾圧を行い、民権派約五七〇名の東京追放を命じました。民権派と藩閥政府の対立が続く明治二二

となり、不平等条約改正のため欧化政策をすすめるが、世間の批判を浴びる。のち元老となる。

* **山県有朋**（一八三八〜一九二二）長州藩出身。幕末には奇兵隊軍監となる。大村益次郎死後、徴兵制・軍制を確立し軍政を掌握した。明治一一年（一八七八）、初代参謀本部長に就任する。明治一八年（一八八五）、初代内相となる。二度の内閣総理大臣を経験し、元帥・元老として陸軍・政界に君臨した。

* **星亨**（一八五〇〜一九〇一）江戸出身。イギリスに留学後、自由党に入り、頭角を現す。明治二五年（一八九二）、衆議院議員当選、のち衆議院議長・駐米公使をつとめる。明治三三年（一九〇〇）、立憲政友会を創立し、第四次伊藤博文内閣の逓信相に就任する。

年（一八八九）、ついに大日本帝国憲法*と衆議院議員選挙法*が公布されました。同年、条約改正交渉に不満をもつ右翼結社玄洋社《げんようしゃ》・社員に大隈重信外相が襲撃されるという事件が発生しています。幕末以来の政治テロがまだ続いているのです。

明治二三年（一八九〇）、第一回総選挙が行われ、初期議会が始まります。海軍軍事費予算をめぐり、議会では政府と、反政府をかかげる民党との対立が続きます。この時期、政府は清との戦争を企図していたのです。

明治二七年（一八九四）三月二九日、朝鮮において甲午農民戦争*が始まりました。朝鮮政府は、清国に鎮圧のための軍隊派遣を要請します。清国は天津条約*の規定に従い、日本国政府に出兵を通告してきました。同年六月一二日、日本陸軍は甲午農民軍と朝鮮政府との間に講和が成立した後であるにもかかわらず仁川に上陸し、七月二三日には漢城（ソウル）の朝鮮王宮を占領しています。近年、この段階をもって日清戦争の開始とし、台湾に上陸し植民地戦争をはじめた後の明治二九年（一八九六）、大本営解散をもって終結とみなす見解が多くなっています。当時このようなことは、隠蔽《いんぺい》されましたので、庶民は皆知りません。福沢諭吉の「脱亜論」に典型的にみられるように、知識人たちやメディアは日清戦争を文明と野蛮の戦争とみなし、これを肯定していました。戦争を素材にした錦絵も多く生まれています。しかし、円朝の噺には、朝鮮や日清戦争を素材としたものはありません。

明治二〇年（一八八七）、「怪談牡丹燈籠」が、明治二二年（一八八九）には、「塩原

＊**大日本帝国憲法**　明治二二年（一八八九）二月一一日公布、欽定憲法・天皇主権をとり、国民は天皇の臣民とされ、諸権利に限定がもうけられた。

＊**衆議院議員選挙法**　大日本帝国憲法と同時に公布。小選挙区制度、選挙権は満二五歳以上の男子、直接国税一五円以上を納入する者と定められた。

＊**甲午農民戦争**　大きく二度の蜂起にわけられる。第一次蜂起：明治二七年（一八九四）政府から派遣された地方役人の不正と腐敗を背景に、全羅道の古阜地方で全琫準をリーダーとする農民たちが蜂起。四千人に膨れあがった農民軍は国王に政治改革を訴えるため、漢城（現ソウル）を目指したが、鎮圧の国王の直属軍隊が到着し戦いが膠着状態になると、同年六月、朝鮮

多助一代記」が、ともに春木座で上演されています。円朝の絶頂期といえましょう。円朝は、師匠・円生の時代に低迷していた三遊派を完全に復活させたと意識したのでしょう、隅田川沿いの木母寺《もくぼ》に「三遊塚」を建立しています。明治二四年（一八九一）、円朝は井上馨邸にやってきた明治天皇の前で塩原太助を演じています。この時期、元勲・井上馨との関係が強化されていったことも事実です。『世外井上公伝』五巻には、井上馨が円朝を随分贔屓にしていたことが記されています。

そして、翌明治二五年（一八九二）、「塩原多助一代記」が修身の教科書に掲載されました。政府の近代化と、国民教化の方針と円朝の噺が合致したわけです。ところが、先述したように、デフレの中において経済格差は拡大していきます。貧困とは競争社会に敗れた証しであり、忠義や孝行、勤勉・節度といった徳目の実践では立身出世などできない、ということが現実なのです。円朝の噺のリアリティーは急速に薄れていきます。

円朝の引退

噺家の泰斗として順調に進んできた明治二四年（一八九一）、円朝が江戸の寄席を引退する、という事件が起こります。円朝は、寄席の経営者である席亭が芸人に対して横暴である、ということをつね日頃憤慨していました。この話を聞いた井上馨が、円朝のために何軒かの寄席を買い取って、独自の寄席を持てばよいではないか、その費用は後援者が出せばよい、と持ちかけました。円朝はそのつもりになり、弟子たちにこのプランを持ちかけたところ、彼らも同意しました。

政府との講和に応じた（全州和約）。第二次蜂起：日本の内政干渉によって成立した親日・開化派政権（摂政大院君）が誕生し、日清戦争が始まり、日本の陸軍大部隊が朝鮮半島に侵攻した。この事態に対して、朝鮮国内では、民衆レベルで、反日の声が上がり、同年一〇月、全琫準を中心に東学農民軍が再び蜂起、一〇万人以上に膨れあがる。

＊天津条約　明治一七年（一八八四）に発生した甲申事変の結果、日本が清国と締結した条約。日本側全権・伊藤博文、清国全権・李鴻章。朝鮮から日清両軍撤退、出兵時の相互事前通知などを取り決めた。

円朝の墓

ところが、円遊と円太郎とが酒に酔った勢いで「立花家」の席亭にこのことを漏らしてしまったのです。おどろいたのは席亭です。大人気の円朝一門が寄席から抜けてしまうのですから、興行が行き詰まってしまいます。席亭たちは、一門の切り崩しを始めました。いつも、弟子たちと行動を共にしていた円朝でしたが、結果として弟子に裏切られた形となりました。円朝にも意地があります。自分だけは、以後、東京の寄席には断固出演しない、との意志を固め、最後まで円朝にしたがった円雀とともに、上方に転居していきました。残された史料からは、席亭の横暴とは何か、また弟子たちの動向についても具体的な内容を知ることはできません。ただし、寂しい、不本意な引退であったことは事実です。

翌明治二五年、円朝は大阪の「浪速座」に出演するようになりました。しかし、このころから健康状態が優れず、東京に戻ってきています。これを知った井上馨は、渋沢栄一ら贔屓筋に話をして、余生をすごせるようにと、円朝に生活費援助を申し入れました。しかし、円朝はこれを断っています。元勲や著名人に接近した円朝ですが、進退はきれいで「江戸っ子」の姿を貫いたといえましょう。

発病から最期　明治三〇年（一八九七）、円朝は「立花家」の席に出ています。席亭と和解できたのでしょう。この後も、寄席に出演して、「怪談牡丹燈籠」などを高座にかけています。しかし、

いえもういけません、円朝ももう昔の円朝ではありませんから、お恥ずかしゅうございます

と語ったといいます。明治三二年（一八九九）、円朝は発病してしまいます。円朝最後の高座は、かれが苦心して創作し、名声をえるきっかけとなった「怪談牡丹燈籠」でした。

「Ⅰ円朝の履歴書」も終わりが近づいてきました。円朝の病名について、永井啓夫は「脳症」としていますが、史料には具体的な病名は記されていません。

病床にはつねに、弟子の円楽がいたと言います。あるとき、円朝が夏蜜柑を食べたいと言い出したことがあり、円楽が駆け回って風呂敷一杯の夏蜜柑を買ってきて、砂糖をかけて円朝に食べさせると、円朝は「弟子というものはありがたいもんだね」と語ったといいます。

先述したように、円朝にはただ一人、朝太郎という息子がいましたが、彼は酒に身を持ち崩して放浪生活をおくっていました。病床の円朝は朝太郎を枕元に呼び、弟子の円生・円楽を立ち会いとして、涙をぽろぽろ落としながら、廃嫡の手続きを

行ったそうです。父親としてこれほどつらく悲しいことはないでしょう。これが、幕末から明治という時代を生き、噺家として頂点を極めた円朝の最期だったのです。円朝の臨終の際、朝太郎の住所は分からず、弟子たちも知らせることができませんでしたが、葬儀の時には現れたそうです。

明治三三年八月一一日午前二時、享年六二歳、天才噺家三遊亭円朝は逝きました。墓所は、円朝が強く影響をうけた山岡鉄舟《てっしゅう》*が創立した谷中の全生庵《ぜんしょうあん》（臨済宗）にあります。墓石には「三遊亭円朝無舌居士《むぜつこじ》」とあり、向かって右に「三遊亭」「先祖代々墓」があり、「初代円生・二代円生・三代円生・四代円生」と刻まれ、左には「ぽん太之墓」もあります。

---

* **山岡鉄舟**（一八三六〜八八）江戸出身。本名小野高歩。山岡静山の妹と結婚、静山の跡をつぐ。剣を千葉周作の門に学び、幕府講武所で教える。戊辰戦争では、勝海舟の使者として、維新軍がひしめく東海道を西に向かい西郷隆盛に会い、江戸開城のための勝・西郷会談のきっかけをつくった。明治維新後は茨城県参事・明治天皇の侍従などに就任。

人物相関図

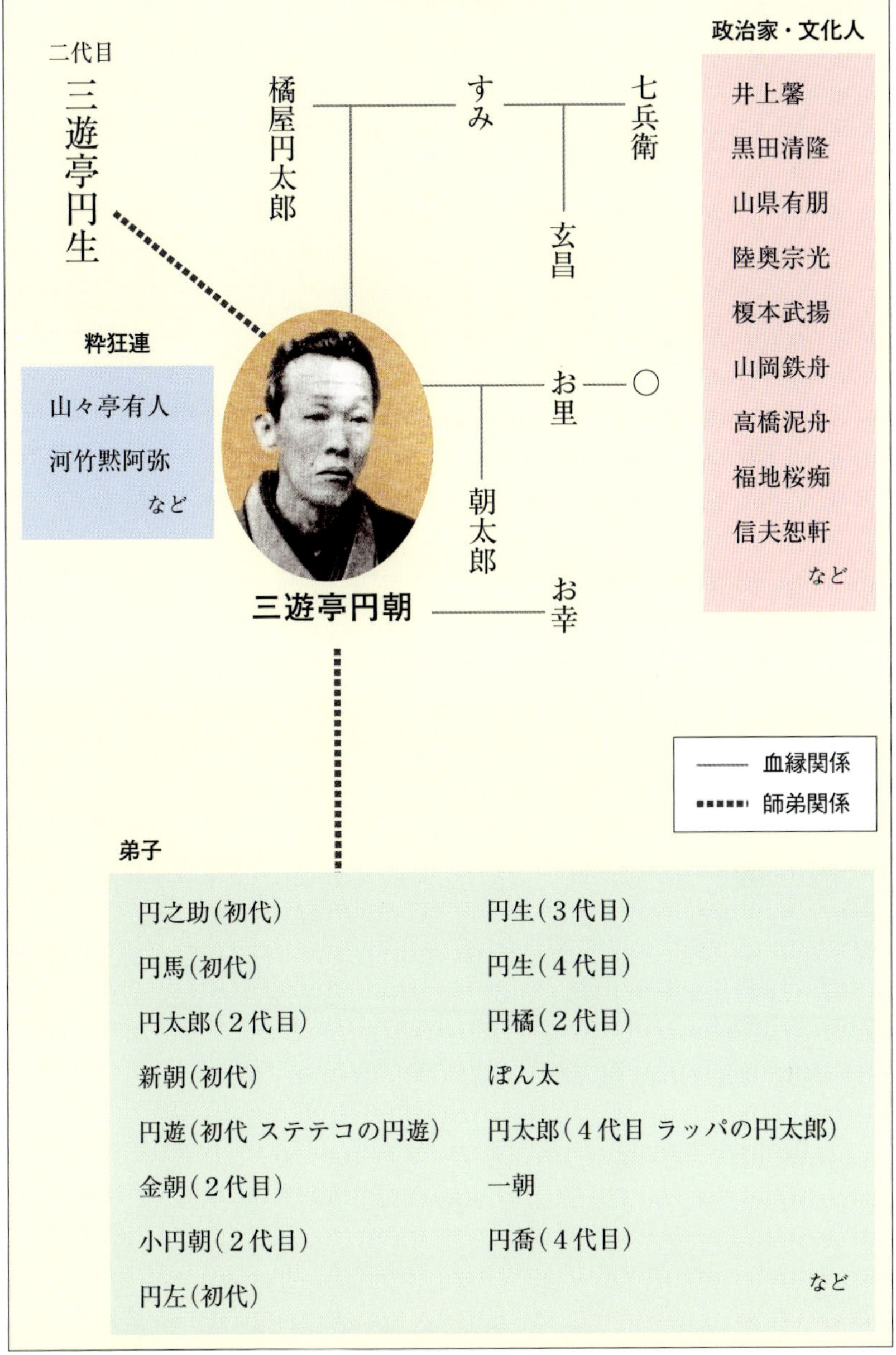
二代目
三遊亭円生
橘屋円太郎
すみ
七兵衛
玄昌
お里
○
朝太郎
お幸
三遊亭円朝
政治家・文化人
井上馨
黒田清隆
山県有朋
陸奥宗光
榎本武揚
山岡鉄舟
高橋泥舟
福地桜痴
信夫恕軒
など
粋狂連
山々亭有人
河竹黙阿弥
など
血縁関係
師弟関係
弟子
円之助（初代）
円馬（初代）
円太郎（２代目）
新朝（初代）
円遊（初代 ステテコの円遊）
金朝（２代目）
小円朝（２代目）
円左（初代）
円生（３代目）
円生（４代目）
円橘（２代目）
ぽん太
円太郎（４代目 ラッパの円太郎）
一朝
円喬（４代目）
など

Ⅱ 円朝の作品世界

法蔵寺　「累」の墓（真ん中）

一 「真景累ヶ淵」

はじめに

三遊亭円朝最初の創作噺「真景累ヶ淵」は、円朝が安政六年（一八五九）に創った時点では、「累ケ淵後日の怪談」と称していましたが、明治初年、信《しの》夫恕軒《ぶじょけん》＊の助言で「真景累ケ淵」と改題されました。残念ながら「累ケ淵後日の怪談」との相違を確認することはできません。円朝は、速記本『真景累ケ淵』の冒頭で

怪談ばなしと申すは近来大きに廃りまして、余り寄席で致す者もございません、と申すものは、幽霊と云うものは無い、全く神経病だと云ふことになりましたから、怪談は開化先生方はお嫌ひなさる事でございます

と、身も蓋もないことを語っています。事実、この噺を振り返ると、お久の死、お累《るい》の自害以降は怪談の形をなしていないのです。怪異ではなく、主人公・新吉の変貌こそが、この物語の心髄といえます。

江戸時代、下総国羽《は》生《にゅう》村（現 茨城県常総市）を舞台とする伝説・説話・浄瑠璃・歌舞伎など＝「累物」が多く創られました。鬼怒川の自然堤防上にある法蔵《ほうぞう》寺（浄土宗）には、累の墓があります（Ⅱ章トビラ）。「累物」の特徴は、因縁・因果が怨念として「かさね」られていくことにあります。円朝は、これら先行する「累物」を

＊信夫恕軒（一八三五〜一九一〇）漢学者。鳥取藩士。東京帝国大学講師となる。『漢訳文則』などの著がある。

念頭において噺を創作したとされています（宮信明「素噺との出会い」）。

主人公ともいうべき新吉と、一八歳も年上の恋人である豊志賀《とよしが》が登場してから噺はシリアスに展開していきます。新吉は旗本・深見新左衛門の次男でした――深見家は後、改易となっています――。

新左衛門は高利貸・皆川宗悦《みながわそうえつ》を殺害しました。豊志賀は宗悦の長女だったのです。新吉・豊志賀は互いの身の上を知りません。円朝は、物語にしっかりと因縁を絡めています。

深見新左衛門屋敷跡付近　小日向・服部坂

豊志賀の死

「真景累ケ淵」は長い噺なので、現在ではいくつかに分断されて高座にかけられています。「豊志賀の死」はそのうちの一つです。ちなみに、三代目古今亭志ん朝の「豊志賀の死」は秀逸で、CDアルバムを聴いていても背筋がゾッとして、後ろを振り返りたくなるほどです。なお「真景累ケ淵」をモチーフにした映画「怪談」では、新吉＝尾上菊之助、豊志賀＝黒木瞳、お久＝井上真央という配役でした。

豊志賀は、根津七軒町に住む富本の師匠でした。彼女は、新吉が弟子の若いお久と親密な関係になったと疑り悋気《りんき》をおこします。すると、どうしたことか「眼の下へポツリと訝しな腫物が出来て、その腫物が段々腫上」、「お岩とかいうような顔付」となってしまいます。

豊志賀に養ってもらっている新吉は最初「親切に看病」していましたが、陰湿になっていく豊志賀に嫌気がさし、お久と密会し、お久の伯父がいる下総に一緒に逃げよう、ということになります。すると密会の場で、突如お久は「お前さんという方は不実な方ですねえ」と言い出すや、眼の下に腫物ができ、腫れあがっていきます。新吉は恐ろしくなりその場から遁走、伯父勘蔵の処に逃げ込みます。するとなんと、そこにはすでに豊志賀が来ていたのです。彼女は新吉と「縁を切る」つもりだと言います。新吉は病で弱り切った豊志賀を自宅まで送り届けようと、駕籠《かご》に乗せたところ、豊志賀がさっき死んだとの急報が告げられます。新吉が駕籠を開けてみると「今乗ったばかりの豊志賀の姿が見えないので、新吉はゾッと肩から水を掛けられたような心持」となります。

ここまでは、年嵩の女性・豊志賀が愛していた新吉に捨てられ「新さん」と語りながら失意のなかで死んでいく、という悲しいストーリーなのですが、次に見る彼女の書置によって雰囲気は一変します。

この怨は新吉の身体に纏《まと》って、この後女房を持てば七人まではきっと取殺すからそう思え。

お久殺し　新吉とお久は、下総国羽生村に駆け落ちします。江戸を出た二人は、水戸街道*を北上して下総国に入り松戸宿に泊まり、ここから下妻《しもつま》街道*に入り、翌日は古賀崎《こがさき》から流山を通り、夜になり水海道へ出て、糀屋《こうじ》という店で夜食を取っています。道を尋ね、渡船場で鬼怒川を渡れば羽生村だと知ります。二人は真っ暗闇の中、鬼怒川を渡り、土手を歩き羽生村に入ります。ここで、円朝は、

　其所は只今以て累ケ淵と申します、どういう訳かと彼地で聞きましたら、累が殺された所で、与右衛門が鎌で殺したのだと申しますが、

と、羽生村に伝わる累の怪談を入れています。

　羽生村に向かう途中、下総の累ケ淵で、お久の顔は腫れ物ができ「死んだ豊志賀の通り」に変化していきます。恐れをなし、錯乱した新吉は拾った〝草刈鎌〟で彼女を殺してしまいます。ここから、豊志賀の怨が「かさね」られていくわけです。このお久殺しは地元の

鬼怒川

＊ **水戸街道**　江戸から水戸に至る。江戸千住・金町・松戸・我孫子・取手・藤代・牛久・荒川沖・中村・土浦・石岡・小幡などを経て水戸に達する。江戸幕府道中奉行が管理するのは松戸宿までであった。

＊ **下妻街道**　江戸四宿（品川・板橋・内藤新宿・千住）の一つである千住（現　東京都足立区千住）から、常陸国下妻（現　茨城県下妻市）を結ぶ街道。

土手の甚蔵に知られてしまいます。

お累との婚礼

羽生村の土手の甚蔵宅に居着いた新吉は、お久が法蔵寺（Ⅲ章参照）に葬られていることを知り、後ろめたさから墓参に出かけ、質屋を営業し裕福な三蔵の妹で美しいお累と出逢います。色男の新吉の周辺にはつねに、美女が現れ密接な関係となっていきます。

ここで、新しい事実が分かってきます。実は、お久の伯父とはこの質屋の三蔵だったのです。つまり、お累はお久の従姉妹にあたるわけです。ここでも、円朝はしっかりと因縁を絡ませています。お累は新吉に一目惚れします。ところが彼女は、熱湯を顔に浴びて「片鬢はげ半面紫色」になってしまうのです。新吉の周囲に現れる美女の顔にのこる外傷こそ「かさね」のメタファーです。

兄・三蔵の計らいで、お累は新吉の下に嫁ぐことができました。お累と所帯をもった新吉はこれまでの罪を償うために「改心」し、お累を「可愛がり、三蔵親子に孝行を尽く」す、よい亭主となっています。

因縁の深見兄弟

病になった伯父・勘蔵《かんぞう》の見舞いに江戸に出た新吉は、はじめて己の身の上を知ることになります。彼には新五郎という兄がいて、すでに獄門になったというのです。この新五郎は、豊志賀の妹お園を殺害したのでした。ここにも、因縁が絡めてあります。新吉・新五郎の実父・深見新左衛門は豊志賀・お園の実父・皆川宗悦を殺した後、乱心して自害し、新五郎はお園を殺した罪で獄門に晒《さら》され、新吉には豊志賀の怨念がついているわけです。新吉の行く先を暗示するかのような展開です。

お賤登場　新吉が羽生村に帰ると、お累は新吉の子を出産していました、この赤ん坊は「新吉が夢に見た兄新五郎の顔に生写し」の「気味の悪い小児」であったのです。新吉は「皆これ己の因果」と恐れ、お久の墓参に出ました。その折に、江戸から出てきて、羽生村名主・惣右衛門の妾となっているお賤《しず》と出逢い、江戸者同士が惹かれ合っていきます。またまた、「別嬪《べっぴん》」の登場です。

お累の死　お累の「お化けのような顔」と、兄の獄門首に似た我が子に恐怖した新吉は、家に帰らずお賤と親密になり「鬼」のような「悪党」へと変貌していきます。この場面は見所です。六代目三遊亭円生は、その辺を見事に表現しています。新吉は、病気になったお累を「頭の兀《はげ》てる所を打つと、手が粘って変な心持がするから、棒か何か無えか、其処に麁朶《そだ》*があらア、その麁朶を取ってくんな」として打擲を繰り返します。さらに、我が子の顔に煮え湯を掛け殺し、お累の頭から肩へも熱湯を浴びせ、平然と家を出ていきます。新吉は江戸者のお賤との関係をもったことで、「鬼」へと豹変したのです。現在、「真景累ケ淵」を通しで高座に掛けている桂歌丸*は、この場面の語りを変え、打擲された際にお累はあやまって赤ん坊を土間に落としてしまい「打ちどころが悪く」死んでしまう、としています（桂歌丸「お累の自害」）。この変更について、歌丸は原作のままでは「罪悪感に陥ってしまいます」

---

* **麁朶**　薪に用いる太い木の枝。

* **桂歌丸**（一九三六〜）本名椎名巌。五代目古今亭今輔に入門のち、四代目桂米丸門下となる。古典から新作までひろい芸域を持ち、テレビにも出演し「笑点」の司会者をこなす。円朝作の人情噺・怪談噺を得意とする。

と述べています（「対談　噺家にして稀代の書き手」『東京人』）。新吉がお累と我が子に折檻を加える場面は、それほどまでの凄惨な暴力描写なのです。

新吉は、遊び仲間の作蔵と共にお賤の宅で酒を飲んでいました。すると、土砂降りの雨の中「びしょ濡になって、利かない身体で」死んだ赤ん坊を抱いたお累が訪ねてきて、今夜中に我が子の弔いを出して欲しいと頼みます。「癇癪《かんしゃく》に障った」新吉は「利かない身体」のお累を、死んだ我が子もろともに突き転がします。お累はしかたなく帰りましたが、その直後、お累が死んだという急報が入ります。お累は、自宅で死んだ我が子を抱いて〝草刈鎌〟で自害していたのでした。

名主・惣右衛門、土手の甚蔵殺し

お累が死んだ後、新吉はお賤にそそのかされて、財産目当てで彼女の旦那・惣右衛門を「人情としてできねえ」といいつつも殺害します。さらに強請りにきた土手の甚蔵《じんぞう》も、殺そうとしましたが失敗、なんと、お賤が鉄砲で甚蔵を撃ち殺しています。その後、新吉・お賤の二人は羽生村を出奔します。

惣吉の敵討ち

ここで、少々噺は横道にそれ、新吉に殺された惣右衛門の子で名主役を引き継いだ惣二郎一家の話となります。惣二郎は剣術者・安《やす》田《だ》一角《いっかく》に殺され、惣二郎の敵討に出た妻のお隅も、返り討ちにされてしまいます。円朝はなぜこのようなサブストーリーを創ったのでしょうか。後に明らかとなります。

残された惣吉（弟）と母親とが、惣二郎・お隅の敵討ちを決意し、関取花車重《はなぐるまじゅう》

明神山

吉《きち》に助っ人を頼むため、江戸への旅に出ます。旅の途中、上総国小金ケ原《こがねっぱら》で、惣吉の母は比丘《びく》尼《に》*に殺され一二〇両も盗まれ、途方に暮れた惣吉は藤心村の観音寺の和尚の勧めで宗観と改名し、和尚の弟子となってしまいます。いったい惣吉は何をしているのでしょう。

一方、敵の安田一角は上総国の木卸に至る間道の明神山に隠れ住み、一四、五人の手下と供に追剥《おいはぎ》をしていました。

新吉・お賤の再登場

かつて羽生村で、新吉と遊び仲間であった作蔵が、下総国戸ケ崎村《とがさきむら》の近くの街道で馬子《まご》をしていました。たまたま作蔵が休憩していた、小僧弁天の茶店で、新吉・お賤は彼と再会しています。新吉・お賤・作蔵の三人は、ちょうどここを通りかかった質屋の三蔵（お累の兄）を、小僧弁天の裏に誘い込み襲い、所持金を奪っています。新吉は、世話になったはずの三蔵と、供の与助を殺害、さらに作蔵をも殺し、小僧弁天の裏の川に死体を投げ込んでいます。羽生村を出奔した新吉は、すさんだ悪党となったのです。この場面で、お賤は与助に殴られ顔に怪我をし「痣《あざ》は半面紫

* **比丘尼**　出家した尼僧のことである。中世以降、尼の格好をして諸国を渡り歩いた芸人や下級売春婦も比丘尼と呼称された。

小僧弁天

色に黒み掛かり、腫れ上がって」いきます。ついに、お賤にも豊志賀の怨が「かさな」ったのです。

新吉の戦慄

三蔵・与助・作蔵の三人を殺害した新吉・お賤は、塚前村の観音堂で休息、そこには比丘尼《びくに》となったお賤の母（お熊）が居住していました。比丘尼の身の上話から、彼女は深見新左衛門の妾お熊であったこと、さらにお賤が、父・新左衛門とお熊との子であったことが発覚します。なんと、新吉とお賤とは父親を同じくする「腹違いの兄妹」だったのです。新吉は驚愕し「今まで知らずに夫婦になって、もう今年で足掛七年、ああ飛んだ事をした」と恐れおののきます。さらに、羽生村でお賤が殺害した土手の甚蔵は彼女の父親違いの兄であったことも明らかになります。新吉は「実に因縁の深い事、アアお累が自害の後このお賤がまたこういう変相になるというのも、九ケ年前狂死なしたる豊志賀の祟なるか、なるほど悪い事は出来ぬもの、己は畜生同様兄妹同士で夫婦になり、この年月互に連れ添っていたは、あさましい事だと思うと総毛立ち（中略）、只ボロボロ涙を落」しています。

塚前村・観音堂を望む

新吉・お賤の死

比丘尼（お熊）の庵を寺男の音吉を連れた宗観（惣吉）が尋ねて来ます。その時、音吉は羽生村の質屋の三蔵の宅から出たという、草刈鎌を持っていました。新吉はそれが、お久を殺した〝草刈鎌〟であることに気付きます。新吉は「廻って今また我手へこの草刈鎌が来るとは、ああ神仏が私のような悪人をなに助けておこうぞ、この草刈鎌で自殺しろといわぬばかりの懲しめか」と思い詰め突如、「お賤の咽喉へ鎌を当てプツリと刺し貫」き、ここまでの経緯を宗観（惣吉）にすべて話し懺悔し、惣吉に敵の安田一角の居場所を教え、〝草刈鎌〟を腹に突き立て息絶えてしまいます。すると今度は、比丘尼（お熊）が惣吉の母を殺し、金を奪ったのは自分であると告白し、この〝草刈鎌〟で喉を「掻切って」死んでしまいます。「名主惣吉の敵討ち」というサブストーリーは、この場面への伏線となっていたのです。

大団円

宗観は還俗して羽生村に帰り、関取花車の加勢によって安田一角を討ち取ることができました。その後「惣吉は十六歳の時に名主役となり、惣右衛門の

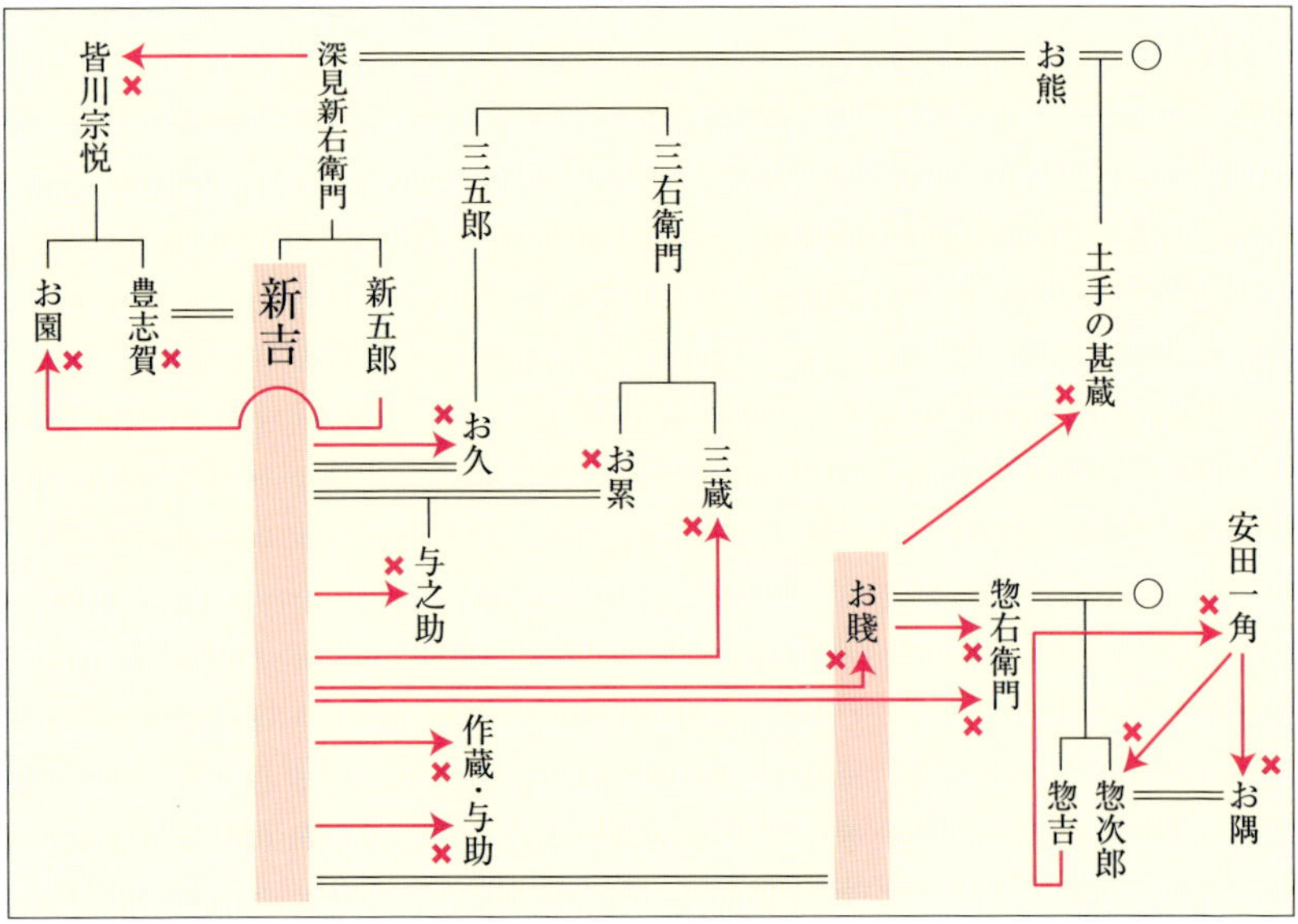

『真景累ケ淵』の人物相関図

名を相続」し、「これでおめでたく累ケ淵のお話は終わりました」と大団円をむかえるのです。

このように、「真景累ケ淵」を構成する要素は、悪・暴力であり、その背後にひそむ因縁・因果というどろどろした世界です。気が弱く、義理にあつかった人間＝新吉でも、欲によって「悪党」へと変貌していく、という物語なのです――新吉は、お久を誤って殺してしまいましたが、お賤と一緒になってからは、与之助・惣右衛門・三蔵・作蔵・与助と五人を殺害しています――。

新吉が登場しない場面では、剣術者・安田一角の狡猾かつ執拗な暴力と、敵討ちという復讐の暴力との交叉《こうさ》で噺は進行しています。そして、これらの暴力を外部から断ち切る公権力＝幕藩領主の介入は一切ないのです。この「真景累ケ淵」が創られた幕末とはそのような時代であり、円朝によって語られた文明開化の時代でも、人びとの記憶にそれが残存していたのです。

二　「怪談牡丹燈籠」

はじめに

三遊亭円朝は「怪談牡丹燈籠」を、文久元年（一八六一）、円朝二三歳のころ創作したといわれています。牛込《うしごめ》軽《かる》子《こ》坂《ざか》に住む隠居から聞いたという話——飯島孝右衛門という旗本が牛込軽子坂の自宅で、下男に討たれた——を下に、義兄玄昌から教示をうけた海音如来《かいおんにょらい》の呪文と『剪燈新話《せんとうしんわ》』*に収録された「牡丹燈記」のストーリーを交えて創作したとされています（清水康行「怪談牡丹燈籠」）。「牡丹燈記」は、複数の写本が日本に伝えられました。これに関しては石井明が詳述しています（石井明『円朝　牡丹燈籠』）。

現在、わたしたちが手にしているものは、明治一七年（一八八四）、東京稗史出版

---

*『剪燈新話』　一四世紀頃成立した中国（明）の短編怪異小説集。室町時代に日本に伝来し、江戸時代には浅井了意『伽婢子』・上田秋成『雨月物語』・三遊亭円朝「牡丹燈籠」などに翻案された。

社から速記本として刊行されたものです。円朝の「怪談牡丹燈籠」は、この速記本によって広く読まれていきました。ただし、永井啓夫が指摘していますが（永井啓夫「怪談牡丹燈籠」）、この速記本は円朝が高座で演じた噺の忠実な再現とはなっていません。ましてや、文久から元治年間に創作されたオリジナルと、現在のわたしたちが読んでいる『怪談牡丹燈籠』との差違を確認するすべも、残念ながらありません。

ところで、岡本綺堂《おかもときどう》*が「怪談牡丹燈籠」について、興味深いことを語っていますので紹介したいと思います（岡本綺堂『明治の演劇』）。

一三、四歳のころ、『牡丹燈籠』の速記本を読んだところ、とくに怖いと感じなかった、その後、円朝が「牡丹燈籠」を高座にかけるというので聴きに行ったところ、「だんだんに一種の妖気を感じて来た（中略）。私はこの話の舞台となっている根津のあたりの暗い小さい古家のなかに坐って、自分ひとりで怪談を聴かされているように思われて」

円朝の噺の凄みは、速記本（活字）では伝わらないということです。文字からは、噺の間、息づかい、声の様子などが分からないのです。残念ですが、本書でも同じ事が言えます。関心を持って頂いた方々は、ぜひとも、落語として観ていただければと思います。

円朝は二つの物語を同時進行させる形（テレコ）で「怪談牡丹燈籠」を創作して

＊ 岡本綺堂（一八七二〜一九三九）東京生まれ、父親はもと御家人。東京府立一中卒業後、東京日日新聞社に入社、以降、新聞記者を続けながら劇作に励むが、一九一三年作家活動に専念する。戯曲「修禅寺物語」「鳥辺山心中」、小説「半七捕物帳」などが代表作。

います。この二つの物語を仮に「孝助の物語」「伴蔵の半生」と名付けましょう。それぞれの中心人物、孝助と伴蔵とはまったく互いに関わり合うことなく行動していきます。

＊

「孝助の物語」

湯島天神例大祭

「怪談牡丹燈籠」は、寛保三年（一七四三）四月一一日、湯島天神の祭礼の日、本郷三丁目の刀屋の店先で、若侍がからんできた黒川孝蔵という「悪侍」を斬殺するところから始まります。この「身持ちが悪く、酒色に耽り」乱暴狼藉を働いていた黒川孝蔵は、この物語の主人公の一人、孝助の実父であり、孝蔵を斬り殺した若侍は若き日の飯島平左衛門だったのです。「孝助の物語」は最初から、暴力に満ちています。

その後、飯島平左衛門は「真影流（ママ）」を極めた凛々しい智者となりました。彼が四〇歳のころ、孝助という若者が「草履取《ぞうりとり》」として、奉公に上がって来ました。

ある日、孝助は主人平左衛門に「親父の仇《あだ》

討《うち》」をするため剣術を習いたいと願い出ます。孝助は登場の場面から敵討ちという業を背負っていたのです。孝助にとって平左衛門は仇敵なのです。この事実に平左衛門は気付きますが、孝助はまったく知らずに、主人平左衛門への忠義を尽くしていました。

悪女お国の悪巧み

平左衛門には国という「妾」がいましたが、これが悪い女で、隣の次男坊・宮野辺《みやのべ》源次郎《げんじろう》と不義密通をはたらいていました。平左衛門が泊《とまり》番《ばん》で家を空けるときに、源次郎を忍ばせていたのです。これに孝助が気付きます。

お国は、飯島家乗っ取りを企図して、源次郎をそそのかして飯島平左衛門を殺害させようとします。しかし、源次郎は「情があるから出来ないよ、私のためには恩人の伯父さんだもの、どうしてそんな事が出来るものかね」と言っています。お国は「こうなる上からは、もう恩も義理もありはしませんやね」とたたみかけ、さらに、源次郎は剣術が下手だから、釣りに誘い川の中に「衝き落として殺しておしまいなさいよ」と迫っています。円朝はお国を徹底的な悪女として描いています。

孝助はこの奸策の一部始終を立ち聞きし、いっそのこと「源次郎・お国の両人を鎗で突き殺して、自分は腹を斬ってしまおう」と覚悟を極めています。

一方、お国は、悪だくみが孝助に露見したことに気付き、孝助を飯島家から追い出すため、彼を虐待し始めます。

源次郎は剣術が下手なので、武芸を習っている孝助を斬殺することはできません。

そのころ、水道端の相川新五兵衛家の一人娘お徳と、孝助との縁談ができあがっていました。ところが、宮野辺家の相助という若党が、お徳に惚れていたのでした。源次郎はこれを利用し、相助が孝助に喧嘩を仕掛けるように計画しました。

ある晩、孝助は相助らの待伏に遭遇しますが、これを撃退しています。翌日、源次郎が飯島家にやってきて、うちの相助が喧嘩をしたので、相助に暇《いとま》を出した。ついては、喧嘩両成敗ということで、飯島家でも、孝助を解雇してもらいたいと、迫ります。しかし、平左衛門は源次郎の申し出を拒否、源次郎は当てが外れてしまいます。

孝助への疑い

お国は、孝助に金子盗難の疑いをかけ、飯島家から追い出すことにしました。当初、平左衛門もこの話を信じ、孝助を「手打」にする、と言い出します。孝助は、決して自分は盗んでいないが

家来が殿様のお手に掛って死ぬのは当然の事だ（中略）、後でその金を盗んだ奴が出て、ああ孝助が盗んだのではない、孝助は無実の罪であったという事が分るだろうから、今お手打になっても構わない

と語っています。

飯島平左衛門の思い

いざ、孝助が手打になるか、という場面で、平左衛門は百両の金子が出てきた、自分がしまったことを忘れていた、として、家中の奉公人たちを集めた上で、孝助に丁寧に詫びを入れます。以下がその説明です。

飯島は忠義の志はかねて見抜いてあるから、孝助が盗み取るような事はないと知っている故、金子は全く紛失したなれども、別に百両を封金に拵え、この騒動を我が粗忽《そこつ》にして、ぴったりと納まりがつきました

飯島平左衛門の死

孝助は、お国と源次郎とを殺すべく槍を研ぎ準備をしていました。ところが、孝助は、源次郎と思い、誤って平左衛門を槍で突き深手を負わせてしまいます。平左衛門は苦痛のなかで、自分は、孝助の実父の敵であることを明かします。これに対して、孝助は

> たとえ親父をお殺しなさりょうが、それは親父が悪いから、かくまで慈愛ある御主人を見捨て脇へ立退けましょうか、忠義の道を欠く時はやっぱり孝行も立たない道理

と答えています。孝助は、父への孝行＝敵討を捨て、「情ある」主人への「忠義」を取ったのです。

平左衛門は、このままだと公儀にすべてが発覚して、飯島の家は改易となってしまうので、孝助に逃げろと諭します。孝助はやむをえず、平左衛門の形見の刀を譲りうけ、相川の屋敷に逃れ、相川新五兵衛に事の顛末を語ります。新五兵衛は、飯島平左衛門から遺書を受け取っているとして、これを読み始めます。すると、そこには、平左衛門が孝助にわざと討たれるつもりであることが記され、お国・源次郎は、お国の実家がある越後に逃亡するであろうから、孝助にこれを追わせ、主人の

仇を討たせたのち、孝助とお徳との子供に飯島家を再興させてもらいたい、との内容が記してありました。

これを聞いた孝助は、主人飯島平左衛門の想いに涙し、孝助は主人の敵討ちとして、この両人を越後路・信州路・美濃路と追っていきます。ここから奉公人・孝助の忠義にもとづいた〝新たな敵討〟が始まるのです。

その後、物語の中では、飯島平左衛門と宮野辺源次郎の斬り合い、平左衛門の死、仲働の女中お竹斬殺など、暴力シーンが連続していきます。

母おりえとの再会　孝助は、越後の村上に宮野辺源次郎とお国が逃走したと思い、越後まで旅をしていきますが、行方はわからず、越後路から信州路、美濃路を通って、飯島平左衛門の一周忌のために江戸へ戻り、平左衛門の墓がある新幡随院《ばんずいいん》に到着します。その後、一年ぶりに相川家に戻ると、お徳とのあいだに子供ができていました。孝助は息子・孝太郎を飯島平左衛門の生まれ変わりかもしれないと思っています。

翌日、孝助は新五兵衛とともに新幡随院を尋ね、良石和尚の紹介で人相を見てもらいに白翁堂勇斎を訪問して、敵討ちという大望は遂げられるか、尋ね人（別れた実母）に会えるかと、二つ質問しています。白翁堂は、尋ね人とは「何でも逢っています」と述べます。すると、白翁堂の門口にやはり尋ね人のことで相談があるとして、四四歳の女がやってきました。彼女こそが、孝助が幼い頃別れた実母おりえだったのです。孝助はおりえに、父が酒乱で無惨な死を遂げたこと、お国という女を主人の敵として探していることなどを伝えます。すると、おりえは、源次郎とお国を下野の自宅でかくまっていると言うのです。お国は、おりえが再婚した越後村上の樋口屋五兵衛の連子で、意地の悪い子なので江戸に奉公に出していたというのです。なんと、お国は、孝助の実母の義理の娘であったのです。ここでも円朝は、主人公にしっかりと因縁を絡めています。

おりえは仔細あって越後村上を引き払い、宇都宮の杉原町に来て、五郎三郎（お国の兄）の名前で荒物屋を開業し、今は江戸見物に来ていたのです。

孝助はおりえに初孫を見せたいが、これは敵討ちの本懐を遂げてからと言うと、彼女は「手引きをして」きっと源次郎とお国とを討たせるからと力づけています。翌朝、孝助とおりえは宇都宮へ出立します。

おりえの義理

ここから、場面は宇都宮となります。おりえは、孝助のためにお国・源次郎が隠れている部屋に忍び込めるように手筈を整えます。

しかし、おりえの様子が変わります。孝助は血を分けた実子だけれども、離縁した黒川の子であり、再婚した樋口屋五兵衛の娘お国の方が義理ある大切の娘であるから

縁の切れた悴《せがれ》の情に引かされて、手引をしてお前達を討たせては、亡くなられたお前の親御・樋口屋五兵衛殿の御位牌へ対して、どうも義理が立ちません

として、路銀《ろぎん》をやり、お国・源次郎を逃がしてしまいます。

宇都宮から鹿沼《かぬま》へ逃げる途中で、源次郎は雲助となった相助と偶然会い、二人は孝助に遺恨を持っているので、孝助を返り討ちにすることに決まります。

宇都宮で孝助は敵討ちのための準備をし、示し合わせた通りに屋敷に忍び込むと、おりえが念仏を唱えていいます。彼女は孝助に、お国・源次郎を逃がしたと告げます。これに孝助が抗議すると、おりえは、「その言訳はこうしてする」と言うや、「膝の下にある懐剣を抜くより早く、咽喉へガバリッと突き立て」「両人を逃がせば死ぬ覚悟」で

> 再縁した家の娘がお前の主人を殺すと云うは実に何たる悪縁か、さア私は死んで行く身（中略）、幽霊が云うと思えば五郎三郎に義理はありますまい

として、お国・源次郎の逃げて行った先を孝助に教えます。

円朝は、なぜこんな手の込んだ演出をしたのでしょうか。おりえが登場してから「孝助の物語」には、忠義の他に義理というキーワードが加味されているのです。おりえは、死によって

宇都宮　杉原町付近

孝助と再婚した樋口屋五兵衛に対する義理の板挟みを回避したのではなく、二律背反する義理の双方を完遂するために自死を選択していったのです。

孝助の本懐

お国・源次郎は鹿沼へ逃げる途中、十郎《じゅうろう》ケ峯《がみね》という「雑木山」で、孝助を討とうと待ち伏せしていました。しかし、これを察した孝助は先に進んで斬り抜けていき、ついに、お国・源次郎を捕えました。孝助は、お国・源次郎を「ズタズタに切り」「母の懐剣で止めをさして」二人の生首を二つ持ち宇都宮にもどっていきました。

このように、「孝助の物語」に怪異・幽霊はまったく登場しません。ここに深く底流しているのは、孝行・忠義と義理という近世的規範であり、この縺れは死をもって解決するしかない、という教諭となっているのです。

十郎ヶ峯

＊

「伴蔵の半生」

飯島平左衛門は水道端の旗本三宅家から妻を迎え、二人の間には「頗《すこぶ》る御器量美」のお露が生まれました。妻が死去した後、平左衛門の「妾」となったお国と、お露の関係が悪化します。平左衛門は「面倒な事と思い」お露にお米という女中を附けて、別居させてしまいました。

根津の清水谷に田畑・貸長屋を持ち、二一歳独身で美男の萩原新三郎という若者がいました。飯島家出入りの幇間《ほうかん》医者でおしゃべりな山本志丈《しじょう》が、お露と萩原新三郎を逢わせると、お露は「カッと逆上せて耳朶《みみたぶ》が火の如くカッと真紅にな」るほど、新三郎に惚れ「あなたまた来て下さらなければ私は死んでしまいますよ」と告げています。お露は積極的な女性です。

新三郎はお露のことを「思い詰めて、食事もろくろく進」まない状態となります。相思相愛になればよいのですが。そうはいきません。

お露の幽霊

盆の一三日の晩、お露が新三郎の家を訪ね、親に感動されたら、お米と二人を新三郎の家においてくれと頼み込みます。この様子を覗いていた伴蔵は「化物だ化物だ」と逃げ出しています。いったいどういうことでしょうか。

萩原新三郎の家を逃げ出した伴蔵は、夜明けを待ち、白翁堂勇斎《はくおうどうゆうさい》を訪ね「裾がなくって腰から上ばかりで骨と皮ばかりの手で萩原様の首ったまへかじりつ」いている女がいて、あれは幽霊であると話します。白翁堂は、幽霊と寝れば「必ず死ぬ」と言い、この旨を新三郎に伝えます。

恐ろしくなった新三郎は、三崎《さんさき》にあるお露の自宅を尋ねますが、所在がわかりません。帰りに、新幡随院を通り抜けようとすると、お堂のうしろの新墓に大きな角《かく》

夕方の三崎坂

塔婆《とうば》＊があり、その前に「牡丹の花の綺麗な燈籠《とうろう》が雨ざらしになって」いるので、気になった新三郎は寺の僧に尋ね、これはお露の墓であり、女中も看病疲れで死んだから一緒に葬られたことを知るのでした。

幽霊に惚れられた新三郎は恐ろしくなり、白翁堂の紹介で新幡随院の良石和尚に救いを求めます。良石は「孝助の物語」にもでてきた僧です。彼は、

ただ恋しい恋しいと思う幽霊で、三世も四世も前から、ある女がお前を思うて生きかわり死にかわり、容は種々に変えて附纏《つきまと》うているゆえ、遁《のが》れ難い悪因縁があると言い、御札を家の四方八方に貼り付け、死霊除のために金無垢の海音如来の守りを身につけていろ、と助言します。

晩になり、新三郎は言われた通りにお札をはり、読誦しています。こうなると、お米・お露の幽霊は家の中には入れません。

幽霊との交渉

伴蔵は今年三八歳、女房おみねは三五歳、二人は貧乏世帯でし

＊ **角塔婆**　卒塔婆の一種。角材を用いた物で、墓石ができるまでの仮として使用されるもの。

たが、萩原新三郎の「お蔭で」、どうにか生活していました。ある晩、おみねが内職をして、伴蔵が蚊帳の中でごろごろしていると

> 八ツの鐘がボンと聞え、世間はしんといたし、折々清水の水音が高く聞え、何となく物凄く

なってきたところ、お米の幽霊がやってきて、新三郎の家に貼ってあるお経のお札をはがして欲しいと頼みます。伴蔵はこのことをおみねに「札を剥がせば萩原様が喰殺されるか取殺されるに違いねえ」からと言って、ここから逃げだそうと言います。しかしおみねは、札をはがすかわりに、幽霊から百両の金をとることを提案し、百両を

> 持ってきたらお札を剥しておやりな、お前考えて御覧、百両あればお前と私は一生困りゃアしないよ

と言い出します。この台詞のあと、円朝は「欲というものは怖ろしいもので」と語っています。

ここまで伴蔵は、萩原新三郎に対して恩義を感じている気の弱い男として描かれています。むしろ、ふてぶてしいのは女房おみねです。「怪談牡丹燈籠」の「伴蔵の生涯」では、怪異の場面はもちろんですが、伴蔵の変容が見所となっています。彼はどうなっていくのでしょうか。

翌日になると、「清水のもとからカランコロンカランコロンと駒下駄《こまげた》の音高く（中

略）、牡丹の花の燈籠を提げて」お米・お露の幽霊が登場します。夜になると、二人の幽霊は三崎の新幡随院から、根津清水谷まで歩いて通ってくるのです。この描写はみごとです。お米は伴蔵に百両の金子を持ってくるから、お札と海音如来蔵を取り上げて貰いたいと頼みます。伴蔵と幽霊との交渉成立です。

萩原新三郎の死に様

伴蔵は、萩原新三郎の家のお札を剥がし、新三郎がつねにつけている金無垢《きんむく》の海音如来像を盗み出すことに成功します。

八ツの鐘が響くと、「カランコロンカランコロン」との駒下駄の音を立ててやってきたお米の幽霊から、伴蔵は約束の百両を受け取っています。

翌日になると、萩原新三郎は死んでいました。

虚空を掴み、歯を喰いしばり、面色土気色に変り、よほどな苦しみをして死んだものの如く、その脇に髑髏《どくろ》があって、手とも覚しき骨が萩原の首玉にかじり付いており、あとは足の骨などがばらばらになって、床の中に取散らして

とあるように、新三郎の死に様は凄惨なものでした。白翁堂は、萩原新三郎の首に海音如来像が無いことに気づき、伴助が盗んだものと疑い始めます。伴蔵は、すぐ立ち退くと怪しまれるので

自分から近所の人に、萩原様のところへ幽霊の来るのをおれがたしかに見たが、幽霊が二人でボンボンをして通り、一人は島田髷《しまだまげ》の新造で、一人は年増《としま》で牡丹の花の付いた燈籠を提げていた、あれを見る者は三日を待たず死ぬから、おれ

は怖くてあすこにはいられない

と言いふらし、幽霊の評判が広がったところで、伴蔵・おみねは栗橋在に引っ越して行きました。

憑依を繰り返すおみねの幽霊

萩原新三郎怪死の後、伴蔵は盗んだ金無垢の海音如来像を隠し、おみねとともに伴蔵の故郷である栗橋宿《くりはししゅく》へ引っ越し、小間物屋を始めました。やがて伴蔵は、宮野辺源次郎とともに江戸を逃げ出し、栗橋の宿場で酌《しゃく》取女《とりおんな》として出ていたお国――あのお国です――に惚れてしまいます。円朝はこの場面で二つの物語を交差させています。

これに悋気をおこしたおみねは「萩原様を殺して海音如来のお像を盗み取って」と伴蔵の悪行を大声で暴露し始めます。これにたまらず、伴蔵は利根川の土手でおみねを惨殺します。その後、おみねの死霊は下女に憑依し、

伴蔵さん（中略）、貝殻骨のところから乳のところまで脇差の先が出るほどまで、ズブズブと突かれた時の苦しさは、何と

栗橋・利根川の土手

もかとも云いようがありません（中略）、お互にこうして八年以来貧乏世帯を張り、ヤッとの思いで今はこれまでになったのを、お前は私を殺してお国を女房にしようとは、マアあんまり酷いじゃアないか

と語りはじめます。おみねの死霊はこのあとも次々と下女たちへの憑依を繰り返していきます。裏切られたおみねの怨みがこもった場面です。

伴蔵の告白

江戸に居たときから知り合いであった幇間医者*・山本志丈が伴蔵を訪ねてきました。萩原新三郎の死に不信を持った志丈は伴蔵を脅迫し始めると、伴蔵は、萩原新三郎の死のいきさつを次のように語り始めます。

実は幽霊に頼まれたと云うのも、萩原様のああ云う怪しい姿で死んだというのも、いろいろ訳があって皆私が拵《こしら》えた事、というのは私が萩原の肋《あばら》を蹴て殺しておいて、こっそりと新幡随院の墓地へ忍び、新塚を掘越し、骸骨を取出し、持帰って萩原の床の中へ並べておき、怪しい死にざまに見せかけて白翁堂の老爺をば一ぺい欺込み、また海音如来の御守もまんまと首尾好く盗み出し、根津の清水の花壇に埋めておき、それからおれが色々と法螺《ほら》を吹いて近所の者を怖がらせ

というのです。伴蔵の告白によって、新三郎の死にまつわる怪異は消え去ってしまいます。

萩原新三郎はお露の幽霊によって取り殺されたのではなく、伴蔵が蹴り殺したと

* 幇間医者　裕福な商人などに追従して、その人物の歓心を買うことにより生計をたてている者。医者の格好をしているが、医術に精通しているわけではない。

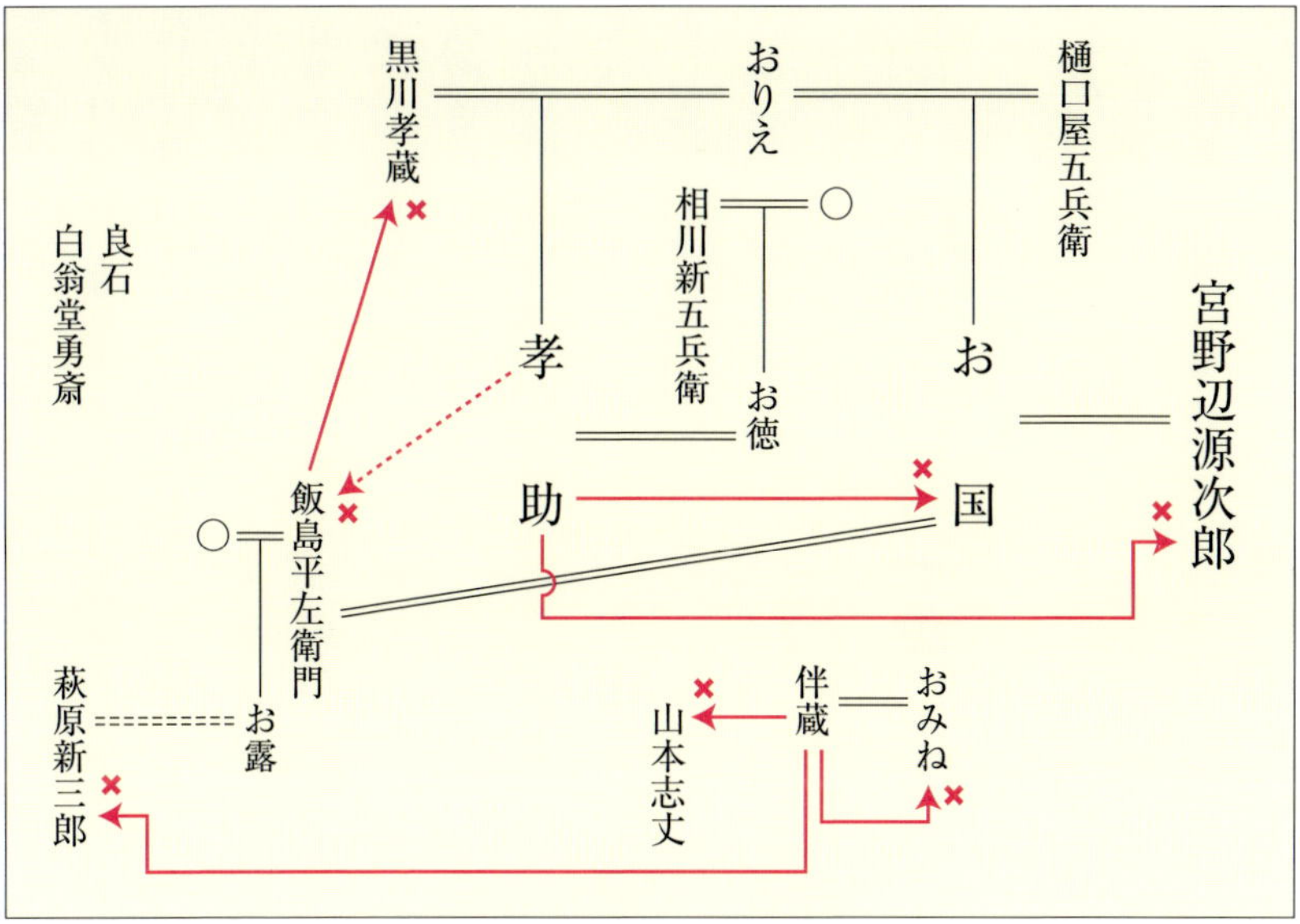

「怪談牡丹燈籠」人物相関図

伴蔵は、「我が悪事」を知った山本志丈を殺します。この物語にあるのは、怪異などではなくリアルな暴力です。

二つの物語の融合　「孝助の物語」と「伴蔵の半生」とは、並進しながらも因縁によって結ばれていました。

物語の節目で重要な役割を果たす白翁堂と良石は生き残りますが、その他の人物は、孝助以外、死んでいきました。「悪人」のお国・宮野辺源次郎は孝助の敵討ちで惨殺され、無責任で欲深い幇間医者・山本志丈は伴蔵に殺害されています。円朝は、志丈を殺すことによって勧善懲悪を貫徹させているのです。

孝助と伴蔵とは互いに関連を持ちませんでした。山本志丈殺しの後、捕方に追われた伴蔵は、偶然孝助に取り押さえられています。かなり強引な両者の出会いです。後日、孝助は「お仕置《しおき》」となった伴蔵の捨札を読み、飯島平左衛門の娘お露が、萩原新三郎と関係を持ったことがきっかけで、伴蔵の悪事が始まった、ということを知ります。そして孝助は「主人のため娘のため、萩原新三郎のために、濡れ仏を建立」したというのです。「伴蔵の半生」＝慾と悪は「孝助の物語」＝忠義と義理に収斂され終わるのです。

「怪談牡丹燈籠」の本質は怪異ではなく、気の弱い者でも、人は欲によって悪党に変わるが滅びていく、という悪因悪果・勧善懲悪と、忠義・義理という通俗道徳の世界にあります。

三 「塩原多助一代記」

はじめに　円朝は、知り合いの柴田是真（絵師）から本所相生町＊の炭屋塩原屋にまつわる怪談を聞き、これに興味を覚えて早速調査を始め、塩原家が上州沼田の出身であることをつかみ、明治九年（一八七六）八月から九月の間、沼田に調査に

＊ 本所相生町　現在、東京都墨田区両国。西北は大川（隅田川）、南は竪川に挟まれた地域。竪川には河岸があり、土蔵、木挽小屋二カ所、船大工小屋などがあった。また、津軽松前藩の下屋敷が存在した。

出ています。この噺は現地調査の結果、怪談噺ではなく立身出世譚となり、明治一一年（一八七八）に完成しました。文明開化の真っ直中で、個人の立身出世と国家の独立繁栄とが同一線上で語られ、円朝は「教導師」を自任し活動していた時期です。

「塩原多助一代記」は、一八編一八冊の速記本として公刊されました。第一編は明治一七年（一八八四）、速記法研究会から出版されました。本書の総部数は一二万部になったと言われます。本書は円朝の要望を入れ贅沢な装丁にしたために費用がかかり、利益は得られなかったが、速記の広告のために諦めた、と速記者若林玵蔵は語っています。

本所相生町（現　墨田区両国）

なお、実在した塩原太助は寛保三年（一七四三）に上州三国街道の下新田宿《しもしんでんしゅく》で生まれ、江戸に出て薪炭問屋に奉公して独立した後、本所相生町《ほんじょあいおいちょう》に炭屋をひらき、大成功した人物です。没年は文化一三年（一八一六）です。

現在、群馬県利根郡みなかみ町には、国道一七号線沿いに「塩原太助翁生家」が建っています――新しい建物ですが――。
以下、若林によって速記本として公刊された『塩原多助一代記』にしたがってあらすじを紹介していきます。

塩原角右衛門と百姓・角右衛門

多助の実父・塩原角右衛門は浪人となってしまいました。彼の家来・岸田右内は「若気の至り」で角右衛門の妻の妹おかめと密通・駆け落ちしてしまいます。
その後、塩原角右衛門一家は江戸を離れ、野州日光から上州沼田へ抜ける山道に沿った小川村という山村で暮らしつつも、一人息子の多助を「どうか世に出したい」と考えていたのでした。改名して旅商いで生計を立てていた右内は、主人の角右衛門が上州の沼田で暮らしているということを知ります。ある日、日光の「中禅寺の奥へ三里入」った温泉まで来た右内は、そこから山越えをして沼田まで出て、角右衛門を訪問して、八年前の駆け落ちの「詫事」をする決心し、案内人を雇い「極難所」を越えていきます。

「塩原太助翁生家」

右内は難儀をして峠を越えて上州側に入ったところで、「山家」の夫婦に出会います。この二人が角右衛門夫婦でした。この場面は、以下のような記述となっています。

漸々山道を小川村へ二里ばかり下りて、横に又四五町入つて見ますと、屋根には板の上に石を載せて嵐を防ぎ、実にみるかげもない山住ひで

大原村

この「茅屋（あばらや）」に八歳になった角右衛門の一人息子（のちの多助）も暮らしていました。右内は角右衛門のこの生活を「お情けないと気の毒」に思います。角右衛門は、一人息子のためにも、いつしか江戸に出て再び仕官する意志をもっていました。しかし、それには、まとまった金が必要です。これを知った右内は、角右衛門夫婦に金子の工面をしましょうと、約束して、江戸へと出立し、沼田方面に歩いていきます。

その途中、大原村の茶店で、偶然、沼田の百姓・角右衛門に出会います。彼は大金を持っていました。角右衛門とこの茶店の婆さん

との会話から、角右衛門は頻繁にこの山間部を訪れていることがわかります。

角右衛門は、沼田へと街道を下っていきます。右内は彼をつけ、数坂峠《かっさかとうげ》で追いつき、初対面の百姓・角右衛門に借金を申し込みます。当然断られます。すると右内は「主人のためと思い」百姓・角右衛門の所持金を狙い斬りかかります。この数坂峠は、鬱蒼とした雑木林で囲まれた場所でした。その時、偶然通りかかった塩原角右衛門が、薄暗いために盗賊と思い込み、鉄砲で右内を撃ち殺してしまいます。その後、百姓・角右衛門と角右衛門とは同じ血筋であることが判明し、上州沼田下新田の富裕な百姓・角右衛門は角右衛門に五〇両を渡し、利発な多助を養子に貰い受け跡取りにすることになります。角右衛門夫婦は五〇両を元手に江戸に戻り、武士身分を回復します。

右内が死んだことを知らない妻おかめと娘は右内捜索の旅に出て、中山道から日光例幣使街道《れいへいしかいどう》*の柴宿《しばしゅく》（伊勢崎市）あたりで、馬子に襲われたところを、沼田から出てきた百姓・角右衛門に救われます。しかし、そのどさくさの最中、娘おえいは馬子たちに誘拐されてしまいます。百姓・角右衛門は、おかめを沼田下新田の自宅に連れて行き、後妻に迎えます。

一二年が経過した宝暦一〇年、江戸で大火がありました。円朝は、煉瓦造りなどなかった「開けぬ往昔」なので大火が良くあった、と語っています。このように、円朝は噺の中で、文明開化の明治と、「開けぬ」江戸との対比を行っています。

＊ **例幣使街道**　江戸時代、京都の朝廷から徳川家康の廟がある日光東照宮に派遣された奉幣使（日光例幣使）が通行した街道。中山道倉賀野宿（現高崎市）から分岐する。玉村・五料・柴・木崎・太田・梁田・富田・栃木・合戦場・鹿沼などの各宿場を経て今市に至る。明和元年（一七六四）、江戸幕府の道中奉行管轄となり、各宿場には人足五人・馬五疋が常備された。

江戸見物に出た百姓・角右衛門は、火事の中、拐《かどわ》かされたおえいを偶然救い出し、沼田下新田に連れ帰り、多助と夫婦にします。おえいを拐かしたおかくと、息子の小平が、おえいは自分の娘であるから返せと沼田下新田の角右衛門家を強請《ゆす》りに来ますが、逆に追い払われてしまいます。円朝はおかくを「大悪人」と語っています。

多助の苦難

さて、ここまで、人の出逢いのほとんどが偶然で、因縁めいた話は少しもありません。不自然な設定ともいえるでしょう。

百姓・角右衛門が病死し、遺言でおえいと多助は夫婦になります。角右衛門の墓参をした多助・おえい、おかめの一行は、小平とその弟仁助に襲撃されますが、湯《とう》治《じ》の帰りに、通りかかった沼田藩士原丹治《はらたんじ》・丹三郎《たんざぶろう》親子に助けられます。ところが、この原丹治・丹三郎親子によって、多助は苦しめられることになります。

多助一行を救った丹治親子は、多助の留守にたびたび遊びに来るようになります。円朝は、おかめのことを、夫角右衛門を亡くした後でも、まだ三七という年で「色ある花は匂ひ失せず、色気たっぷりです。ことに家来右内と密通して家出をするくらゐの浮気ものでございますから」と説明しています。おかめは、娘（多助の妻）おえいを、丹治の息子丹三郎と密通させたのです。

多助は、妻おえいに軽んじられ、また連日義母おかめの虐待を受けるようになります。多助は「世間に対して家の恥になる」から、また、恩ある塩原の家が潰れてしまう、として黙って堪えていました。

ところがついに、多助は原丹治に殺されかけます。これを契機に、多助は沼田下新田を立ち退くことを決意します。ここまで、沼田での多助の行動・人生は歯痒いばかりで、まったくといっていいほど、いいところはなく、孝行と忍耐の人物としてしか描かれていません。

聖橋から昌平橋を望む

多助は、丹精こめて育てた馬の青に「汝とは長い馴染みであつたなア（中略）、畜生でも兄弟も同じ事」と分かれを惜しみ江戸へ出立します。この「塩原多助一代記」は、歌舞伎の演目にもなりますが、ここが客の涙をさそったとされるシーンです。

多助は江戸に出る途中、偶然、小平と仁助の「悪者」に襲われ、金子を強奪されてしまいます。まったくいいところがありません。

多助が沼田を出て江戸に入ると、ようやく後半となります。円朝はマクラで「引き続きまする人情話しは、兎角お退屈勝ちの事で御坐いまして」と語りつつ、善悪二元論を展開

していま す。「兎角お退屈勝ち」などと自虐的な語りは洒落かもしれませんが、「怪談牡丹燈籠」や「真景累ケ淵」にくらべると、迫力と面白味に欠けることは事実です。

江戸に出た多助と沼田の塩原家のその後

話しは変わって、多助が去った沼田下新田の塩原家では、名主同席の下、おえいと丹三郎との婚礼が行われようとしていました。しかし、分家の太左衛門がこれを中断させようとして大混乱、ついに斬り合いとなり、馬の青が丹三郎を蹴殺し、おえいをかみ殺します。

一方、江戸に出る途中で金子を奪われた多助は、悲嘆にくれ駿河台《するがだい》下昌平《しょうへい》橋で身投げを図ろうとしますが、炭問屋の山口善右衛門に救われ、奉公を始めることになります。ここから、多助は頼もしくなっていきます。しかし、彼の人格は変化しません。円朝は多助を一貫して忠義の人として描いていきます。

命を救われた多助は、炭問屋善右衛門のために「隙間もなく身を粉にくだき、忠義に働」き、店出入りの者も多助を可愛がります。

ある日、多助が戸田能登守の屋敷へ炭を持っていった際に、実父・角右衛門の居所を訪ねますが、塩原角右衛門は「炭屋の下男に知己はもたんわい」と言い、多助を追い返してしまいます。多助は「是から槍で突殺された気になり、死身《しにみ》になつて奉公」すると誓うのでした。

おかめ達のその後

原丹治とおかめは、おえいと丹三郎の死骸を火葬にして出奔、上州吾妻《あがつま》郡四万《しま》に身を隠し、おかめは懐妊、四万太郎を生みます。四万に隠れ

吾妻川

ていたおかめ・丹治は、偶然にもおかく婆と再会しています。

　おかめたちが隠棲している吾妻の四万では、おかく・小平・仁助が、おかめ・丹治の金子を奪うべく襲撃、その斬り合いの中で、仁助・おかく・丹治が死に、おかめは四万太郎をかかえ吾妻川に飛び込み消息不明となり、小平は金子をもって逐電《ちくでん》してしまいます。

　ここまでの物語で、登場してきた悪人たちは、自らの悪行によって滅んでいきました。登場人物たちは偶然出逢い、関係をもっただけなので、円朝は彼らが自滅していくシーンにおいて、因果因縁といった語り方はしていません。これが、「塩原多助一代記」の特徴の一つです。

多助のチャンス

　多助が「実明」に奉公していたある日、逐電した小平が、これまた偶然にも主人の山口屋善右衛門を強請りに来ます。

　多助は小平の強請りを阻み、小平に意見をしています。始めてみせる、多助の頼もしい一面です。多助は商売をする中で、明らかに変わったのです。この様子を見

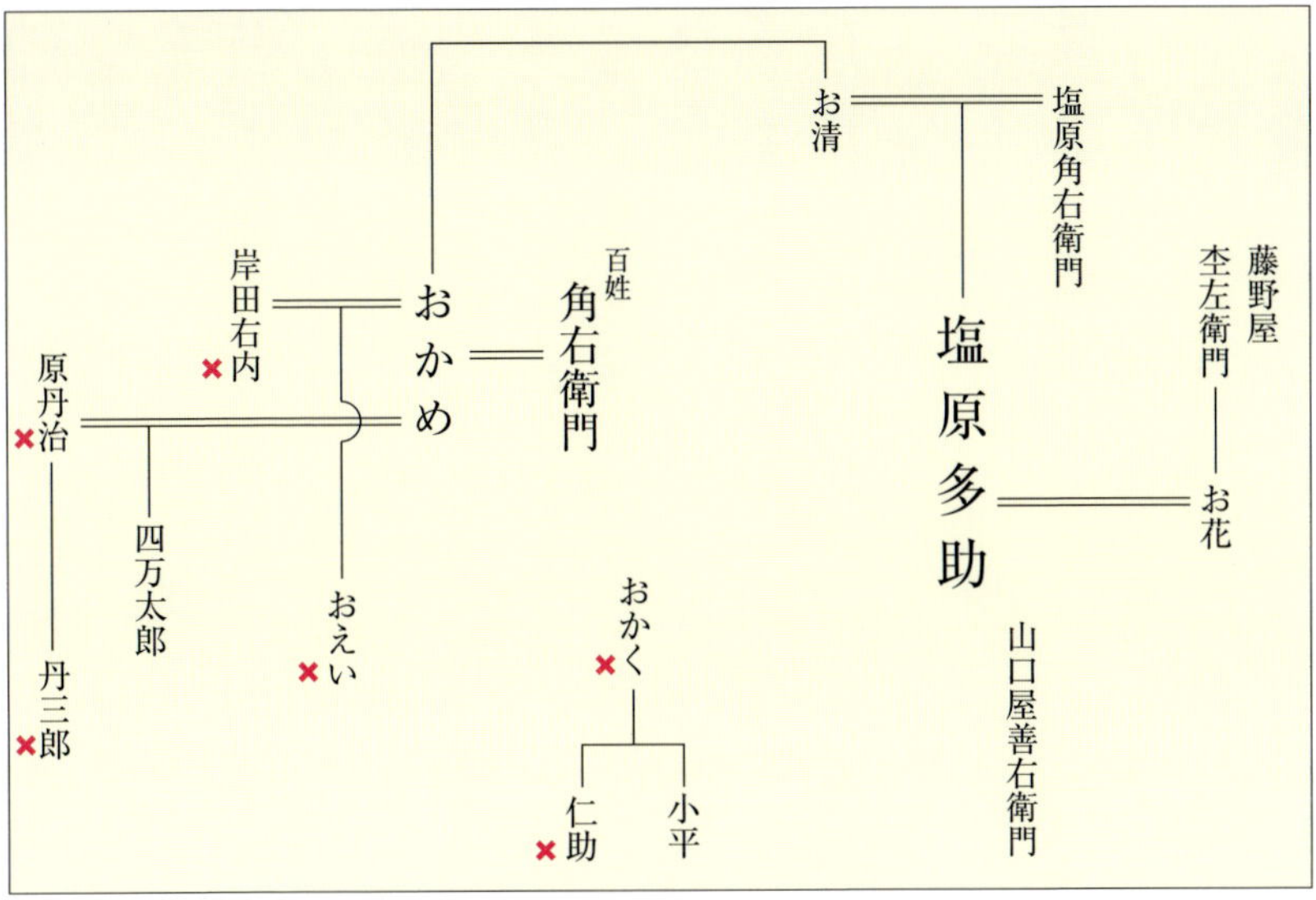

「塩原多助一代記」人物相関

ていた取引先の下野国安蘇《あそ》郡飛《ひ》駒《こま》村の八左衛門は、将来多助が店を出す際には千両の荷を取り引きすることを約束します。多助にとって、チャンス到来といえましょう。

小悪党の小平は多助を遺恨に思い、待ち伏せしますが、たまたま行き会わせた塩原角右衛門が多助を救うことになります。年季があけて、多助は本所相生町に念願の店を出し「計り炭屋」を始めます。

懸命に働いていたある日、多助は茶店で子供を連れ物乞いをしている「盲目の乞食」となったおかめに偶然出逢い、これまでの行状を彼女から聞き、おかめ、・四万太郎母子を助けることにすます。

多助がおかめ母子を助けるという一部始終を藤野屋杢左衛門《ふじのやもくざえもん》の「別嬪」の娘お花が聞いていて、多助の人柄に惚れ、二人は目出度《めでた》く結婚することとなります。善行はかならず報われる、というモチーフですが、話はうますぎます。

多助・お花夫婦は働いて身代を大きくし、多助はかねての念願通り沼田下新田の家を立派に再興し、分家の家も立てています。多助の家は江戸でも大きな身代となり「本所に過ぎたるものが二つあり、津軽大名炭屋塩原と世に謡はるゝ程の分限に数へられ」るようになったのです。

円朝がもとめた教諭

このように「塩原多助一代記」のストーリーはしごく単純であるにもかかわらず、文明開化の時代、歌舞伎の演目とされ、修身の教科書にも掲載されました。文明開化の「教導師」を自認し、寄席・落語の改良運動を始めた円朝は、明治一一年（一八七八）に「塩原多助一代記」を創作しました。円朝は、寛政の頃に実在し、分限《ぶげん》になった塩原多助を、「孝行」「忠義」「恩義」「実明」な男として描き通したのです。そして、噺の最後においてこの近世的徳目・伝統的規範を「正直と勉強」という語彙にシフトさせ、立身出世の「資本」になると語ったのです。円朝は、江戸時代の伝統的な倫理を明治の教導に転移させたといえましょう。

ところが、「塩原多助一代記」創作直後から、松方デフレの波が押し寄せ、東京に貧民窟（スラム）が形成されていきます。

貧民窟といったものは、江戸時代の江戸にはありませんでした。近代にはいり、身分制度は崩壊し、資本主義の世の中となると、貧困とは社会に敗れたことと意識されるようになり、都市下層民は都市市民という公共圏から排除されていきます。都市下層民は官僚のみならず、民権派の府会議員からも、邪魔な存在とされていったのです。円朝が提起した「正直と勉強の二つ」は、明治という現実の世の中では、立身出世の「資本」などにはならなかったのです。

四　「黄金餅」

金兵衛と源八

「黄金餅」は会話で進む、テンポのいい短い噺です。

ずっと昔、芝の金杉橋の際へ黄金餅という餅屋ができました、ひとしきり、たいそうはやったものでございます。どういうわけで黄金餅という名づけたかと申すに

として始まります。

芝将監橋（現 港区芝二丁目、Ⅲ章トビラ）の際に「極貧の者」が暮らす長屋があり、ここに、金山寺屋*の金兵衛という者と、托鉢僧《たくはつそう》*の源八という者が隣り合って住んで

---

* 金山寺屋　金山寺味噌を販売した商人のこと。金山寺味噌とは、なめみその一種で、煎った大豆と、大麦の麹に食塩を加えたものに、茄子、白瓜などを刻み入れ熟成させたもの。

* 托鉢僧　本来は、修行のために托鉢して各地を回った僧侶のこと。江戸時代には、宗教的意味合いがうすれ、物乞いとしての側面が強い場合もあった。

いました。ある日の夜、源八が病で苦しそうにしていたので、金兵衛が心配すると、「薬礼」＝お金がかかるので、医者にはかかりたくないが「大福餅」が三〇個ほど食べたい、と言い出しました。金兵衛が大福餅を買ってくると、源八は人の見ている前では、物を食えない性分なので、帰ってくれと、金兵衛を追い払います。

部屋にもどった金兵衛は、

あの坊主はたいへんに吝で金を溜めるやつだということを聞いているが、あいうやつはきっと物を食おうとするとボーと火か何か燃え上がるに違えねえ、一番みたいもんだな、食い物から火の燃えるところを

と、壁の破れたところから、隣を見ていると、源八は大福餅を二つにわって、胴巻から出した「古金」*六〇両ほどを七つほどに分けて、餡を抜いた大福の中に入れ、ほおばり始めました。

吝嗇《りんしょく》な源八は死期が近づいたことを悟り、ため込んだ金を餅にくるんで飲み込み、苦しみ出しました。驚いた金兵衛が駆け付けると、源八は「空っ腹へ五、六〇両の金と餅がはいったのでげすからゴロゴロと込み上げて」きて、死んでしまいました。

これを知っているのは金兵衛だけでした。金兵衛は「いいことがある」と、差配人*のところに行き、源八が死んだが、身寄りがないので

功徳のために葬いだけはわたしが引き受けて出してやりたいと存じますが、そ

＊古金　元禄期以降、幕府は貨幣改鋳を繰り返し、金貨・銀貨の質を低下させていた。古金とは、その時点の貨幣改鋳以前の金貨のことを指す。

＊差配人　借地や借家などの管理を所有者にかわって行う人物。大家のこと。江戸時代「大家は親も同然」との言葉があるように、店子・借用人の日常を管理統括した。

れに当人の遺言でぜひ火葬にしてくれろと申すことでと語り、早桶《はやおけ》*は高価なのでホトケは沢庵樽*に入れて、長屋の者五・六人ほどで担いで、麻布の三件家にある貧窮山難渋寺――おそらく金兵衛の菩提寺でしょう――まで、遠い道のりを担いでいくことになりました。このふざけた名前の寺は、もちろん円朝の作り話ですが、本村町の曹渓寺がモデルと言われています。

麻布　絶江坂

古今亭志ん生の「黄金餅」

五代目古今亭志ん生（一八九〇～一九七三）がこの「黄金餅」を得意としていました。現代落語で演じられる「黄金餅」は、志ん生の噺がベースとされています――大正時代に、四代目橘家円蔵《えんぞう》*が変化させた、と伝えられますが、史料で確認できませんでした――。

志ん生は、至る所に〝くすぐり〟を入れながら、噺を延ばしています。托鉢僧の名前は西念《さいねん》、長屋は下谷山崎町、寺は麻布絶口釜無《ぜっこうかまなし》村の木蓮《もくれん》寺となっています。また、志ん生は噺の途中で、西念死後の金兵衛の計画を語っています。しかし、円朝は、なぜ金兵衛が客

＊ **早桶**　江戸時代の棺桶。座棺である。死者が出た時、手早く作ったのでこう呼ばれた。

＊ **沢庵樽**　江戸時代の庶民は副食にとぼしく、各家庭で大量の漬け物を作っていた。その漬け物（おおくは沢庵）をつけ込んだ樽桶のこと。

＊ **橘家円蔵（四代目）**（一八六四～一九二二）江戸出身、本名・松本栄吉。四代目三遊亭円生に入門。明治二三年（一八九〇）、四代円蔵を襲名。「品川の円蔵」と呼ばれた。「首提灯」などを得意とした。

嗇な源八の葬儀の差配をするのか、一切説明していません。

志ん生・志ん朝、七代目立川談志*は、「わーわーわーわー言いながら」として、下谷山崎町から麻布の道筋を語っていきます。ここが聞かせどころともなっています。

さて、一行が難渋寺に着き、住職が本堂で引導を渡し焼香も済むと、金兵衛は、

> 遠方の所、まことにありがとう存じました。本来ならば強飯か、おすしでも上げなければならないんですが、御承知のとおりの貧乏葬いですから、恐れ入りましたが、何もさしあげませぬ、もっとも外へ出ますと、夜鷹そばでもなんでもありますから、あなたがたのおあしで、御勝手にめしあがりまして

と挨拶（?）して、長屋の衆を追い返してしまいます。その後、金兵衛は一人で、死体を担いで焼き場に行き、代金を値切り、

> 頭と足のほうはホンガリ焼いて、腹は生焼きになりますまいか

と、おかしな事を言い出します。このあたりで、金兵衛の了見が分かってきます。

死体が焼き上がるまで、金兵衛はいったん長屋に帰り、翌日まだ暗いうちに焼き場にやってきます。そして、焼き場の者を「あっちへ行け、行かねえと、なぐりつけるぞ、行かねえか畜生」と怒鳴りつけ、追い返し

> 箸でだんだん灰を掻いて行くと、腹のあたりに塊りがあったから、木と竹の箸でズンと突き割ると、中から色も変わらず、山吹色の古金が出るから、あわて

＊ **立川談志（七代目）**（一九三六〜二〇一一）東京都出身、本名・松岡克由。昭和二七年（一九五二）、五代柳家小さんに入門。昭和三八年（一九六三）、真打に昇進し、五代目立川談志を襲名。昭和四六年（一九七一）参議院議員当選。昭和五八年（一九八三）落語協会から独立し、立川流家元を創立。弟子に立川志の輔・談春らがいる。「らくだ」「居残り佐平次」などを得意とした。

て両方の袂《たもと》へ入れながら「隠坊の畜生、こっちへはいって来やがると、きかねえぞ、むやみにへいりゃあがると、オンボウ焼いておっつけるぞ」と悪態をつきながら、隠坊の袖の下をかいくぐってスーッと駆け出していきました。そしてとなっています。

金兵衛さんは、この金をもって、芝金杉橋のもとへ、黄金餅という餅屋を出したのが、たいそう繁昌いたした、という一席話でございます。

として終わっています。

円朝オリジナルの「黄金餅」は、金兵衛の了見を行動で示しています。そして、このようにかなりブラックかつ、グロテスクな噺であることが分かります。

先述したように、現代落語の「黄金餅」では、いろいろと、説明が増えています。どちらが楽しいか、という比較も面白いと思います。

五　「文七元結」

「文七元結」の伝承

「文七元結」が、最初に高座にかけられた年月日の詳細は不明ですが、明治二二年（一八八九）四月三〇日から五月九日にかけて、『やまと新聞』

に連載されたことは分かっています（佐藤至子「文七元結」）。晩年の円朝は、「文七元結」をあまりやらず、四代目円生《えんしょう》*の継承したものが、初代三遊亭一朝《いっちょう》*へさらに五代目円生*に伝えられ、六代目円生もこれを聞いていた、と言われています（佐藤至子）。

ここでは『円朝全集』第七巻にしたがって、場面ごとにその概要を紹介していきましょう。

長兵衛登場　本所達磨横町に住む左官の長兵衛は、腕はいいが、「怠惰者」でぶるいの博打《ばくち》好で、博打の負けが込んで借金を抱えていました。長兵衛は、江戸落語によく登場する典型的な職人といえましょう。

ある日の夕暮れ、また博打に負けた長兵衛は身ぐるみ剥がされて、女児の半纏《はんてん》一枚を羽織って賭場から帰って来ます。すると、女房のお兼が泣いています。娘のお久がいなくなったというのです。お兼は長兵衛の博打と怠惰な生活をなじり、いつもの夫婦喧嘩が始まってしまいます。そこに吉原の大店角海老《おおだなかどえび》*――長兵衛が仕事を請け負ったこともあった――の手代藤助が訪ねて来ました。藤助は、お久が角海老のお内儀の所に身を寄せているので、長兵衛に角海老まで来てもらいたい、というお内儀の伝言を持ってきたのでした。

角海老の場　長兵衛は、女房の着物を一枚羽織って角海老へ駆けつけます。お久は、父に改心して両親仲良くしてもらいたい、そのために自分が身を売って金を工面したい、と角海老のお内儀に頼み込んだというのです。

＊**三遊亭円生（四代目）**（一八四六～一九〇四）江戸出身。本名は立岩勝次郎。三遊亭円朝の弟子。明治一五年（一八八二）四代目三遊亭円生を継ぐ。円朝の死後、三遊派をひきいた。人情噺・廓噺を得意とした。

＊**三遊亭一朝（初代）**（一八四七～一九三〇）武蔵国所沢出身。本名・倉片省吾。三遊亭円朝の弟子。大正八年（一九一九）、三遊亭一朝を名のる。「文七元結」などの円朝の噺を守り、後進につたえた。

＊**三遊亭円生（五代目）**（一八八四～一九四〇）千葉県出身。本名・村田源治。四代目橘家円蔵に入門。明治四五年（一九一二）、真打ち昇進。大正四年（一九一五）渡米し各地を巡演。大正一四年五代円生を襲名。

現在の角海老

お内儀は、年頃の娘が親のために自分から身を売るなんてことは滅多にあるものじゃない、と長兵衛を諭します。長兵衛には博打でつくった悪い借金があり、それをまた博打で取り戻そうとして、仕事に出ず、賭場に入り浸っていました。これが夫婦喧嘩の元凶となっていたのです。

お内儀の話を聞いた長兵衛は改心し、お久に、博打を絶って仕事で稼ぐから、二年か三年、角海老で辛抱してくれ、と話します。お久も、わたしは何年でも辛抱するから、おっかさんと仲良くして、稼いでくれ、と答えています。

この父娘のやりとりを見ていた角海老のお内儀は、長兵衛に百両を貸し、お久には自身の身の回りをさせるだけで、遊女として店には出さない、そのかわり二年たっても身受にこないと、気の毒だが店に出すと語ります。

吾妻橋の場

改心した長兵衛が自宅への帰り道、吾妻橋にさしかかると、身投げをしようとしている年のころ二二、三の男に出会います。

＊ **角海老**　吉原の遊郭。遊女の最高ランクである花魁をかかえる高級店・「大店」の一つ。

吾妻橋から駒形橋を望む

わけを聞くと、この若い男は、白銀町三丁目の「近卯」という鼈甲《べっこう》問屋の奉公人（文七）で、店の使いで「小梅の水戸様」*から掛け売りの金を受け取り、帰る途中で、その売り上げの百両をすられてしまったので、死んでお詫びをしたい、というのです。

話を聞いた長兵衛は、なにも死ぬことはないだろうと、色々と説得しますが、文七は相談する親兄弟、身寄りもないので、主人に対して面目ないから、死ぬしかないと言い張っています。

押し問答の結果、長兵衛は、自分の娘のお久が身を売ってつくった百両を文七に無理矢理おしつけて帰ってしまいます。

文七は、女性物の着物を羽織った職人風の長兵衛を胡散《うさん》臭く思っていましたが、押しつけられた包みを開けると百両もはいっていたので驚き、そしてありがたく思って、おそるおそる店に帰ってしまいます。そして、その百両を主人にだまって差し出しました。すると、主人は、それはおかしい、お前は使いにいった水戸藩邸で、

＊**小梅の水戸様**　江戸時代、現在の墨田区向島から押上にかけての一帯を「小梅」と呼称した。そこに水戸藩の下屋敷があった。「小梅の水戸様」とは水戸藩下屋敷のこと。なお、庭園部分が現在の隅田公園である。

応対に出た「高橋さん」の相手をして囲碁に熱中してしまい、売り上げの百両をそっくりそのまま忘れてきてしまったものを、先方は既に届けてくれたので、金はここにある、その百両はどうしたのか、と問いただします。驚いた文七は先ほどの顚末を、おろおろしながら語り始めます。

長兵衛長屋の場

翌日、主人は文七を連れて長兵衛の長屋を訪ね、実は文七が粗相《そそう》をやらかし、と事の次第を説明し、百両を長兵衛に返そうとします。江戸っ子の長兵衛は当初、「一度やってしまったのだから」と、受け取りを断ります。しかし、長兵衛も、最後には折れて、ようやく百両を受け取ることとなります。すると主人は、長兵衛のような「御侠客の御仁」と懇意となり、親類になってもらいたいと言い出し、さらに文七を「正直潔白な人間」だが、後見人がいないので、長兵衛に後見人になってもらい、将来暖簾《のれん》わけをしたいと思うと提案します。おどろくほどいい話です。

この話がまとまり、主人と長兵衛とが「親子兄弟固めの盃」をしようとしたところ、四つ手籠に乗ったお久が、角海老から家に帰ってきて、主人が身受してくれたと話します。これまたいい話です。

その後、文七とお久は夫婦となり主人の暖簾をわけてもらい、麹町一丁目へ文七元結の店を開き、繁昌しました。最高のハッピーエンドです。

この人情噺「文七元結」は「真景累ケ淵」「怪談牡丹燈籠」「塩原多助一代記」の

ような長編、連続物ではありません。悪と暴力が出揃う「怪談牡丹燈籠」「真景累ケ淵」などに比べ、「文七元結」は円朝創作噺のなかで異質な作品と言えます。また、円朝は主人公・左官の長兵衛を「腕はよいが」怠け者として描いており、「塩原多助一代記」にみる勤勉な人物像とも異なっています。しかし、一方、「文七元結」には、江戸庶民の義理・人情・意気《いき》（粋）が満載されています。登場人物に悪人はいないのです。

「文七元結」の山場は三つあります（先述）。一つは長兵衛が角海老のお内儀に説教される場（角海老の場）、二つ目は吾妻橋で、身投げしようとしていた文七に、長兵衛が大事な金子を渡す場（吾妻橋の場）、そして三つ目は、文七の主人が長兵衛の長屋を訪ねる場面（長兵衛長屋の場）です。以下では、この三つの場面での会話部分のエッセンスを紹介してみましょう。ここには、江戸落語の意気（粋）が凝集されています。

角海老の場・会話

お内儀
　年頃になって売られて来る者はたいがい不義か何か悪いことをして来る者が多いんだのに、親のために自分から駆込んで来て身を売るというような者が、またとあるわけのものじゃあないよ。

長兵衛

お久、親が手をついて頼むが、どうかまあ他家さまなら願えにくいが、御当家さまだから悪くもしてくださるめえから、御当家さまへ奉公して、二年か三年辛抱してくれれば、てめえの身の代だけはいったん借金の方せえつけてしまえば、おれがまたどんなにでも働えて、てめえの処はなんとかするが（中略）、向後ふっつり、もう博奕のばの字も断って、元々通り仕事を稼いで、じきにてめえの身受けをしに来るから、それまでてめえ奉公してえてくれ。

お久

わたしがいないと、おっかあを介抱する人がないのだから、後生お願いだが、わたしは幾年でも辛抱するから、おまえ、おっかあと仲よくどうぞ辛抱して稼いでおくんなさいよ、よ

お内儀

それではおまえに百両のお金をあげるが、それというのもこの娘の親孝行に免じてあげるのだよ。

吾妻橋の場・会話

長兵衛（身投げしようとする文七をつかまえて）

しかたがねえ、じゃあおれがこの金をやろう（中略）。娘が身を売ってくれた金がここにあるんだが、その身の代をそっくりおめえにやるんだ。おれんとこの娘は、泥水へ沈んだって死ぬんじゃねえが、おめえはここから飛び込んで真正

に死ぬんだから、これをやっちまうんだ（中略）。そのかわりおれの娘が悪い病を引き受けませんよう、朝晩凶事なく壮健で年期の明くまで勤めますようにと、おめえ心にかけて、ふだん信心する不動様でも、お祖師さまでも、何様へでも一生懸命に信心してやっておくれ

文七（長兵衛が百両の包みを文七に無理矢理おしつけて帰ってしまった直後）

ありがとう存じます。この御恩は死んでも忘れやア致しません（中略）。誠にありがとう存じます。かならず一度はこの御恩をお返し申します。

長兵衛長屋の場・会話

鼈甲問屋の主人

あなたは見ず知らずの者へ、おいそれと百両の金子をくだすって、お助けなさるというそのお志というものは、実に尊い神様のような御仁だって、昨夜もネ番頭とあなたのお噂をいたしました（中略）、金子はそもままお受け取りを願います。

長兵衛

だがね、これをわっちが貰うのはきまりが悪いや、いったんこの仁にやっちまったんだから、取り返すのはきまりが悪いから、この仁にやっちまおう、わっちは貧乏人で金が性に合わねえんだ（中略）、いったんこの仁に授かった金だから、どうかやっておくんねえ。

主人
　この文七は親も兄弟もないもので（中略）、実に正道潔白な人間ですが、……命の親という縁もございますから（中略）、これをあなたの子にしてやってくださいまし……文七も願いな
文七
　ふつつかでございますが、わたくしをあなたの子にして下されば、どんなにでも御恩返しに御孝行を尽くします。

江戸っ子の意気（粋）

　このように、会話を確認すれば「文七元結」を貫いているテーマは、親子の愛情、江戸っ子の意気（粋）と人情であることがより鮮明にわかると思います。角海老のお内儀は、お久の親を思う気持ちと、長兵衛・お久の親子の情にうたれ、お久を店に出さずに百両の金を貸しているのです。

　吾妻橋の場での長兵衛と文七のやりとりは、実際は長い会話となっています。長兵衛はいきなり百両を渡すのではありません。説得して身投げをあきらめさせようとしますが、どうしても文七の考えが変わらないので、「しかたがねえ、じゃあこれがこの金をやろう」と、文七に百両をむりやり渡すのです。円朝は、孝行娘お久への思いを断ち切って、若い文七の命を救う江戸っ子長兵衛を描ききっています。

　登場人物はみな、誠実・義理・人情に厚い、意気（粋）な江戸っ子として語られ

ています。円朝は、長兵衛を職人気質の江戸っ子、というステレオタイプとして安定させ、〝いんごうの典型〟というイメージがついて回る遊女屋のお内儀を情にもろい、いなせな女として登場させ、利に敏いと思われがちな商人を、お久の身受けに百両の金を出す、きっぷのいい人物として描いたのです。

六代目三遊亭円生や柳家小三治《こさんじ》*は、角海老（現代落語の高座では佐野槌《さのつち》）のお内儀にスポットをあてて、角海老の場を語り込み、三代目古今亭志ん朝は文七を見事に主役級にまで高めて、吾妻橋の場を盛り上げていました。そして、この三人の大看板の噺家たちはみな、終盤の長兵衛長屋の場を和やかな笑いで包んでいます。最近では立川談春*が暖かい噺にしています。

文明開化の時期、「自分が笑わずに客を笑わせ、自分がなかずに客を泣かせるのを真の上手」であるという寄席通の批評がある一方、円朝の芸は「徹底話中の人物になり切って、悲しければ泣き、おかしければ笑う。無論泣かせんとして泣くのでもなく、笑わせんとして笑うのでもない」というものであったようです（「遺聞」）。円朝は弟子に「常に噺のうちの人物に成り切れ」と語っていた、といいます（「遺聞」）。長兵衛・お久・角海老のお内儀・文七と、「文七元結」には「成り切」るための人物が出揃っていました。円朝は、彼らを江戸っ子として描ききったのです。そこにあるのは、幕末の暴力の記憶や、文明開化の教条などではなく、江戸の意気（粋）と人情でした。円朝は高座で泣き・笑いして、長兵衛・お久・お内儀・文七に「成

＊ **柳家小三治**（一九三九〜）東京出身。本名・郡山剛蔵。昭和三三年（一九五九）、五代目柳家小さんに入門。昭和四四年（一九六九）、一〇代目小三治を襲名して真打となる。古典落語の担い手として活躍する。噺のマクラが長いことでも有名。平成二六年（二〇一四）、人間国宝となる。円朝の噺では「文七元結」「死神」を得意とし、「花見の仇討ち」などの滑稽噺もよくする。

＊ **立川談春**（一九六六〜）埼玉県戸田市出身。本名・佐々木信行。昭和五九年（一九八四）、七代目立川談志に入門。「文七元結」「芝浜」などを得意とする。

り切」ったのでしょう。

円朝は「文七元結」を創作した二年後に寄席を引退しているので、この人情噺の完成度を上げることはできませんでした。冒頭でも触れたように、円朝直系の高弟たち、四代目三遊亭円生・三遊亭一朝が、この人情噺を継承し「人情噺の大物中の大物といわれるようにした」のです（『時事新報』、明治二〇年一月六日）。

現在の東京落語界を牽引している一人、柳《やなぎ》家《や》権《ごん》太《た》楼《ろう》＊は「人情噺の名作を五つあげろといわれれば、誰が選んでも『文七元結』はそのうちの一つに必ず入る」しています（柳家権太楼『江戸が息づく古典落語５０席』）。「文七元結」は、生半可な噺ではなく、名人の大ネタであり、高度な芸が要求される噺の筆頭ともいえます。六代目三遊亭円生は「いい噺ですけど難しいですよ。（中略）この噺は大物中の大物で、出て来る人間も多いし、それを使い分けるのは、目にしろ、形から呼吸から、すべて変えなければならない」と語りました（飯島友治編『古典落語　圓生集（上）』）。

わたしは、三遊亭円朝が到達した芸の至高は、文明開化と同化した「塩原多助一代記」などではなく、江戸の意気（粋）と人情を泣き笑いのなかに封じ込めた「文七元結」であったと確信しています。

＊ **柳家権太楼**　（一九四七年〜）東京都出身。本名・梅原健治。現代の落語界を代表するパワフルな人物。明治学院大学卒業後、昭和四〇年（一九七〇年）、五代目柳家つばめに入門。師匠他界後、五代目柳家小さん門下に移る。「火炎太鼓」「佃祭」などを得意とする。

Ⅲ

円朝をあるく

将監橋付近

一、ゆかりの地

木母寺

【交通】東武伊勢崎線鐘ヶ淵駅から徒歩一〇分

三遊亭円朝が「三遊塚」を建てた木母寺《もくぼ》（天台宗）は、隅田川のすぐ東にあり、東白鬚《ひがししらひげ》公園に隣接しています。

開基に関して、貞元元年（九七九）、忠円《ちゅうえん》によって梅若丸《うめわかまる》の墓が建てられ、その翌年、念仏堂が建立された、との伝承が残っています。この梅若丸とは浄瑠璃「梅若丸」「隅田川」に登場する伝説上の少年です。梅若丸は京都北白河の吉田少将と班《はん》女《じょ》との間に生まれ、父の

木母寺

三遊塚

浅草・吉原・木母寺

死後、人買にだまされ隅田川のほとりで病死したとされています。

なお、木母寺境内には梅若塚があり、毎年四月上旬に「梅若祭り」が開催されています。

低迷していた三遊派を再興させたと意識した円朝が、明治二二年（一八八九）、建立した石碑が三遊塚です。高さ三メートルを超える大きなもので、題字は山岡鉄舟《てっしゅう》、裏の銘文は高橋泥舟《でいしゅう》によるものです。

全生庵

【交通】
東京メトロ千代田線千駄木駅から徒歩
一〇分

「怪談牡丹燈籠」にも出て来る三崎坂を登った途中に全生庵《ぜんしょうあん》（臨済宗）があります。全生庵は、幕末・明治維新の時期に政治に奔走し死んでいった人びとの菩提を

全生庵　三遊亭歴代の墓

円朝祭り

弔うため、山岡鉄舟によって建立されました。明治一六年（一八八三）の事です。この全生庵には、三遊亭円朝とぽん太の墓があります（六二頁）。

また、円朝は幽霊画をコレクションしていました。これらが全生庵に保存されており、毎年八月の「円朝祭り」の時に公開されます。

二、「真景累ケ淵」　下総国　守谷河岸周辺

【交通】

ＪＲ上野駅→（常磐線）→ＪＲ取手駅
→（関東鉄道常総線）→守谷駅：九〇分
守谷駅→（守谷市コミュニティーバス）
→常総運動公園：一〇分

新吉・お久が駆け落ちした、下総羽生村《はにゅう》（現　常総市）周辺を紹介しましょう。二人は、江戸から日光街道を北上して松戸宿に達し、ここから流山街道《ながれやまかいどう》に入り、水海《みずかい》道《どう》へと至ります。円朝は

駆落ちをして其晩は遅いから松戸へ泊り、翌日宿屋を発足て、彼地から古賀崎の堤《どて》へ掛り、流山から花輪《はなわ》村・鰭ヶ崎へ出て、鰭ケ崎《ひれがさき》の渡しを越えて水街《（ママ）》道へ掛かり

と語っています。しかし、円朝は錯覚をしているようです。「鰭ヶ崎の渡し」は江戸川にあるので、ここを渡った対岸は三郷になります。これでは、江戸に戻ってしまい水海道から離れてしまいます。新吉・お久が水海道に行くには、流山街道（県道五号線）を松戸→鰭ケ崎→流山→花輪と通った後、流山街道から分かれ、守谷《もりや》の渡船場で利根川を渡河しなければなりません。おそらく、円朝は江戸川と利根川とを勘違いしたのでしょう。

なお、守谷市の常総運動公園（利根川北岸）には、渡船場跡があり石塔が残っています。徳川家康が鷹狩りの際に利用したとの伝承があり、「がまんの渡し」と呼ばれていたようです。

常陸国　水海道・羽生村周辺

【交通】
ＪＲ上野駅（常磐線）→ＪＲ取手駅→（関東鉄道常総線）→水海道駅：七〇分
水海道駅→（タクシー）→糀《こうじ》屋：五分
糀屋→（タクシー）→法蔵寺：一〇分

利根川を渡った新吉・お久は、羽生村に入る前に糀屋という料亭で夕食を取っています。この糀屋は、お隅が安田一角に返り討ちにあうサブストーリーの中でも登場します。現在でも糀屋は、水海道にあり割烹旅館として営業しています。蕎麦とウナギを看板にしています。

夕食をとった後、二人は鬼怒川を渡り「真の闇」の中、河原から土手を北上して羽生村（現　常総市）に入っています。ポツリ・ポツリと雨も降りはじめました。円朝の演出は見事です。この場面で、円朝は以下のように、羽生村に伝わる「累」の怪談を披露しています。

土手伝ひに廻って行くと羽生村へでますが、其所は只今以て累ケ淵と申ます、何云訳かと彼地で聞きましたら累が殺された場所で、与右衛門が鎌で殺したのだと申しますが、夫《それ》は虚言《うそ》だと云う事、全くは麁朶《そだ》を沢山脊負して置いて、累を突飛し、砂の中へ顔の減込様《めりこみよう》にして、上から与右衛門が乗掛って砂で息を窒て殺したと云ふが本説だと申す事

現在の糀屋

この「累」にまつわる伝説は現在でも水海道に残っています。なお、法蔵寺には「累」と与右衛門の墓があります（Ⅱ章トビラ）。

新吉・お久の駆け落ちは八月のことでした。わたしは、

梅雨の時期に法蔵寺を訪ね、そこから鬼怒川土手へと行きました。そこは、「累」の怪談の舞台であり、新吉があやまってお久を殺す場所です。土手から河原までは、雑草が背高く生い茂る薄暗い小道となっており、風が通らず薄気味悪かったことを覚えています。二〇一三年の段階で、鬼怒川の護岸工事は行われていません。「真景累ケ淵」の舞台を実感できるはずです（七一頁）。

しかし、残念ながら現地で聞き取りをしても、「累ケ淵」がどこなのか確定できませんでした。

法蔵寺

なお、水海道駅の向かって左手に水海道駅前観光案内所があり、観光パンフレットをもらえます。そこには、糀屋・法蔵寺などが記載されています。ただし、糀屋→法蔵寺→鬼怒川土手を廻るためには、公共交通機関ではうまくいきません。また、鬼怒川も橋で越えなければなりませんので、徒歩ですと半日以上かかります。タクシーを利用することをお勧めします。

下総国　松戸宿周辺

【交通】
JR松戸駅→（徒歩二〇分）→旧松戸宿→（徒歩六〇分）→小僧弁天

名主《なぬし》惣右衛門《そうえもん》を殺し、羽生村から逃げ出した新吉とお賤は物語の終盤で再登場します。その場所が、下総国松戸近郷の戸ケ崎村・小僧弁天《こぞうべんてん》にある茶店です。戸ケ崎村とは、古ケ崎村（現　松戸市）の誤記と思われます。この古ケ崎村は、松戸宿から流山街道を北に上った江戸川の左岸にあり、小僧弁天は流山街道の少し西にあります。新吉が、累の兄である三蔵とお供の与助、さらにかつての遊び仲間で馬子になっていた作蔵を殺害した場所が、この小僧弁天の裏です。

松戸駅西口から流山街道（県道5号線）に出て、北西に歩き「古ケ崎五叉路《ごさろ》」を右折、坂川に沿って北上すると「小僧弁天」という名前のバス停があり、その西側の隣接したところに鳥居と社があります。ここが小僧弁天（七六頁、松戸市博物館学芸員小高昭一氏の御教示による）です。

小僧弁天手前古ヶ崎付近

松戸宿付近

三蔵らを殺害した新吉と顔に疵《きず》を負ったお賤は、松戸宿の松新《まつしん》という旅籠屋《はたごや》で一泊しています。松戸宿の中心は現在の松戸駅西口に出て、流山街道を左（南）に折れたところから始まります。

また、松戸宿の西には松戸河岸がありました。近世後期のものと考えられる『松戸宿家並絵図』には、松新はありません。問屋場・本陣・脇本陣の並び（現在松戸郵便局）の反対側に「松屋」という旅籠屋が記載されています。

なお、松戸市立博物館には水戸街道や、松戸宿・河岸の様子などが、分かりやすく展示されています。

常陸国　塚崎村周辺

【交通】
JR柏駅→（東武野田線）→高柳駅→（徒歩三〇分）→福寿院→（徒歩三〇分）→神明社

松新に一泊した新吉とお賤は翌日、水戸街道を北上し塚崎村（現　柏市）の観音堂で休息しています。ここで、二人はお熊と会い陰惨な最期を迎えるわけです。この観音堂は柏市の福寿院《ふくじゅいん》とされています。

東武野田線高柳駅で降り、県道二八〇号線を「沼南幼稚園」を目指し北上します。「沼南幼稚園」の隣に福寿院があります。福寿院は東西の谷戸にかこまれた台地の突端に位置しています（七七頁）。東側の谷戸を越え台地を登り、北に向かうと、県道八号に出ます。これを少し北上すると、明神山《みょうじん》（神明山、七五頁）があります。この当たりは、現在「沼南の森」と呼ばれています。森

観音堂（福寿院）

の中に神明社が建っています。物語では、ここに安田一角が潜み、追い剥ぎを行っていました。一角が、金を持っていそうな人物を「生街道へ曳張《ひっぱ》り込み、藤ケ谷の明神山の処まで伴れて来て呉れ」と語る場面があります。生街道とは、銚子から魚を利根川の布佐河岸で陸上げし、浦部→平塚→藤ケ谷→六実を通り松戸河岸まで運ぶ、三〇㌔ほどの街道です。

円朝は、どうも地理を勘違いしているようです。明神山が存在するのは藤ケ谷ではなく、塚崎です。生街道からは三㌔ほども離れています。

神明社

三、「怪談牡丹燈籠」「孝助の物語」・江戸　湯島天神

【交通】
東京メトロ千代田線湯島天神駅→湯島天神：二分

湯島切り通し

「怪談牡丹燈籠」は、寛保三年（一七四三）四月一一日、湯島天神「聖徳太子の御祭礼《ごさいれい》」の雑踏から始まります。その後、舞台は本郷三丁目「藤村屋新兵衛」という刀剣

湯島天神

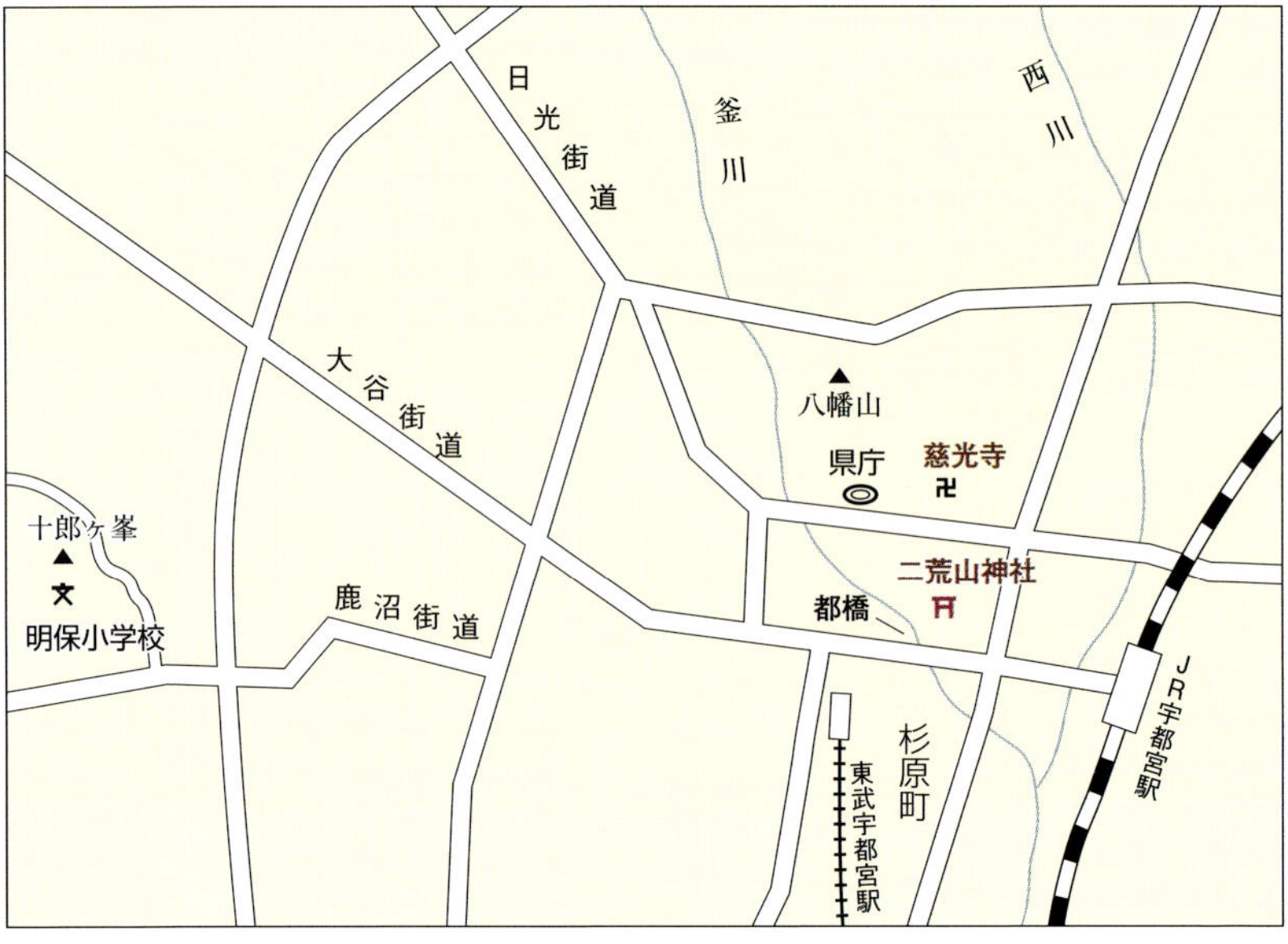

宇都宮　二荒山神社・十郎ヶ峯

商の店先に移り、そこで飯島平左衛門は酔って絡んできた黒川孝蔵を殺害しています。

現在、湯島天神では「聖徳太子の御祭礼」は行われていませんが、隔年毎の五月末日に天満宮の「例大祭」が行われています（八一頁）。湯島天神から本郷三丁目の交差点までは歩いて一〇分程です。しかし、噺に出てくる「藤村屋新兵衛」の店跡は分かりませんでした。

下野国　宇都宮

【交通】
宇都宮駅→（徒歩二〇分）→杉原町→（徒歩五分）→二荒山神社→（徒歩三〇分）→慈光寺→（徒歩三〇分）→八幡山→（徒歩六〇分）→東武宇都宮駅→（バス一〇分）→「鶴田橋」停留場→（徒歩六〇分）→明保小学校→（徒歩五分）→十郎ケ峯の森

「孝助の物語」の終盤は下野宇都宮が舞台です。三崎の新幡随院で実母おりえと再会した孝助は、おりえとともに、日光街道を通り下野に向かいます。女連れの一行のため、ゆっくりした旅で、幸手《さって》・栗橋・古河《こが》・真間《まま》

釜川

田《だ》・雀宮《すずめのみや》を通過して、三日間かけて宇都宮に入っています。宇都宮の舞台を確認してみましょう。

孝助は宇都宮池上町の角屋に宿を取りました。おりえの居宅は、杉原町（八七頁）にある越後屋《えちごや》という荒物屋です。現在、宇都宮市内には釜川という狭い川が流れ、そこに都橋という橋が架かっています。このあたりがかつての杉原町です。

おりえは義理によりお国・宮野辺源次郎を逃がしました。円朝は、彼女に、以下のような逃走経路を語らせています。孝助はこれを追っていくわけです。

宇都宮の明神様の後ろ山を越へ、慈光寺《じこうじ》の門前から付て曲り、八幡山を抜けてなだれに下りると日光街道、それより鹿沼道へ一里半行けば十郎ケ峯という所、夫よりまた一里半あまり行けば鹿沼へ出ます

「宇都宮の明神様」とは、二荒山《ふたらさん》神社のことです。神社の裏手は急な坂となっており、ここから北に路地を抜けていくと、慈光寺（浄土宗）となります。宇都宮大空襲の時に焼け落ちた山門（赤門）が、二〇〇八年に再建

二荒山神社

慈光寺

されました。本堂は山の上にあります。確かに八幡山を抜けて、西に下れば日光街道（宇都宮以北では、国道一一九号線）となります。なお、現在、八幡山は八幡山公園となっていて、宇都宮タワーがあります。

　この後の行程が問題です。円朝の叙述に従うと行動に無理が出てしまうのです。鹿沼道（県道四号線）に出て鹿沼に向かうには、日光街道を南下し、再度宇都宮市街に出てから西に進まなければなりません。おりえの居宅（杉原町）から鹿沼道に入るために、北方に当たる「明神様」＝二荒山神社や慈光寺・八幡山などを通過する必要はないのです。直接、鹿沼道に向かえばいいのですから。円朝が明治九年（一八七六）に記した紀行文「上野下野道の記」には宇都宮に滞在した際での、以下のような記述があります。

> わが作品の牡丹燈籠の仇討ちに十良《じゅうりょう》ケ《が》峰《みね》という所を問えば、ここより（西里山より西北の方に当たり）見揺るという。

　つまり、円朝は「怪談牡丹燈籠」を創作した幕末には、宇都宮現地に行ってはいないようです。円朝は、宇都宮の名所である二荒山神社・慈光寺や八幡山を強引に噺に入れ込ん

八幡山公園

十郎ヶ峯を望む

だために、地理的な矛盾・混乱がおこってしまったのです。

さらに、難儀なのは十郎ケ峯です。これに関して、十郎ケ峯とは、八幡山からから南南西に約一〇キロも離れた明保小学校の奥の小山である、という説があります（徳利旅「円朝を歩く　第一回」）。宇都宮城下から離れたこの小山は鬱蒼とした雑木林となっており、物語の記述のイメージとぴったりです。また南側には鹿沼道も通っています。この小山が、十郎ケ峯であろうと思います。ここで、考助はお国・宮野辺源次郎を討ち、「孝助の物語」は終わるのです。

宇都宮城下における、お国・宮野辺源治郎の行動に関して、円朝の叙述に従うと無理があるとしましたが、ここではあえて円朝の叙述に従ってみましょう。八幡山公園からは東武宇都宮駅を目指します。徒歩で一時間ほどです。ここから、十郎ケ峯までが大変です。徒歩で行くことはお勧めできません。東武宇都宮駅西口から関東バス（鹿沼行き）に乗り、大きな幹線道路（宇都宮環状線）を越えたところの「鶴田橋」停留所で降ります。目の前に「詩人　野口雨情《のぐちうじょう》永眠の地」「野口雨情詩碑」があります。この一角を斜め右に折れ、JRA競走馬総合研究所の間を抜け、ひたすら進んでいくと、ようやく明保小学校となります。この右側（東側）の森が十郎ケ峯です。しかし、この四キロ程の道のりは、かなり難儀です。東武宇都宮駅からタクシーで、明保小学校を目指した方がよいと思います。

「伴蔵の半生」・江戸　三崎と根津周辺

【交通】
東京メトロ千代田線　根津駅→根津神社：一〇分
根津神社→新幡随院の跡地（三崎）：二〇分

浪人・萩原新三郎の居宅と、「家来同前」の伴蔵・おみね夫婦が暮らす孫店は、根津清水谷《しみずだに》にありました。その場所は根津神社の南側と思われます。

お露と女中のお米の幽霊は、三崎から燈籠をさげて下駄を「カランコロンカランコロン」と鳴らして、新三郎の所までやって来ます。根津から北に台地を上がったところが三崎です。ゆるやかな坂となり（三崎坂）、両側には寺院が連なっています。円朝の墓がある全生庵も三崎坂（九〇頁）の途中にあります。

　新三郎にお札と海音如来像を渡した良石和尚が居住する新幡随院も、この三崎坂の入り口あたりにあったようです。

　ところで、幽霊とは足がないのが相場ですが、円朝は、

根津清水谷と思われる付近

新幡随院跡地

夜のへび道

お露・お米の幽霊に下駄を履かせ歩かせたのです。幽霊を恐れて、お札を張って海音如来像を抱え恐れおののいている新三郎の所に、「カランコロン」という音が深夜に響き徐々に近づいてくる、というイメージが沸いてきます。〝想像力をかき立てられる〟これが落語の醍醐味といえましょう。円朝の演出は見事です。

根津神社

　三崎から、お露・お米が〝歩いた〟と思われる路地を抜けて、根津清水谷まで行ってみましょう。三崎には、東京メトロ千代田線の千駄木《せんだぎ》駅で降り、不忍《しのばず》通り団子坂下の交差点を西に向かいます。ここから三崎坂となります。緩い坂を登っていくと右手に「朝日湯」という銭湯が見えてきます。この辺りが新幡随院の跡地です。ここから引き返しましょう――まっすぐいくと、左手が全生庵です――。現在、路地も整備されていて、お露・お米が〝歩いた〟と思われる路地を見つけることは出来ませんでした。

　そこで、振り返って一つ目の信号、中華料理「砺波《とちなみ》」の角を左（南）に入った「へび道」を紹介しましょう。この路地は、江戸時代には上野不忍池に至る藍染川が流れていた場所で、関東大震災後の大正一二年（一九二三）に暗渠《あんきょ》化され、その上が道になったわけです。つまり、江戸時代には存在しなかった路地ですが、くねくねとした狭い路地の風情は楽しめます。「へび道」を進み、途中どこからでも「不忍通り」に出ることが出来ます。千駄木二丁目の交差点を越えて東に少々進むと根津神社となりますので、境内に入り、右手の駒込稲荷を過ぎると左側が社殿となります。さらに東に進み、楼門をくぐり参道に出ると、そのあたりが清水谷となります。

四、「塩原多助一代記」

円朝による「上野下野道の記」（以下「道の記」）は「塩原多助一代記」創作のための取材旅行記録です。本節では、この紀行文も利用して現地を歩いてみます。明治九年（一八七六）、円朝は屈強な酒井伝吉を供に江戸を出発し日光街道から日光に入り、沼田へと抜けたのです。

ここでは、多助が幼少のころ両親と暮らしていた野州日光、多助が養子となった百姓・角右衛門の沼田、おかめ・丹治が隠れた吾妻の四万を紹介していきます。これらを繋ぐ行程の多くは、公共交通機関を利用できませんので、車による巡見となります。

下野国　日光

【交通】
東北自動車道浦和インターチェンジ→日光宇都宮道路日光インターチェンジ→国道一二〇号線→日光湯元温泉：約一五〇㌔、二時間三〇分ほど
日光湯元温泉→国道一二〇号線→金精峠→東小川：約一〇㌔、一五分ほど
東小川→国道一二〇号線→追貝（吹割の滝）：三五㌔、四〇分ほど
追貝→国道一二〇号→数坂峠→関越自動車道沼田インターチェンジ：三五㌔、四〇分ほど

右内が商いに来ていた日光湯元温泉から、塩原角右衛門夫婦が暮らしていた山里・小川村へ、さらに百姓・角右衛門が居住する上州沼田へと抜けて見ましょう。国

道一二〇号線（ロマンチック街道）を通行することになりますが、冬期（一二月から四月）の間は雪のため通行不可能となっています。

「道の記」にあるように、円朝は湯元温泉に宿泊しています。そこから山道を沼田に抜けるために、磯之丞《いそのじょう》という名前に似合わぬ「筋骨太く見上ぐるほどの大男」を雇っています。山越えの道は明治九年の段階でも「難所とは聞きしが、かくまでとは思わざりし」といった険しいものでした。

日光から山越えして上州・小川村に至り、大原村を越えて沼田に至るまで、「道の記」の記述と「塩原多助一代記」の情景とがそっくりな箇所が見受けられます。現地に赴いての取材旅行の成果が創作噺にみごとに反映されているわけです。

角右衛門夫婦・多助の暮らしていたのは、山中の小川村という所です。日光から上州に向かっての山中は「とんと往来」がない「極難所ですから案内者がいなければいけません」ともあります。日光側から金精《こんせい》トンネルを通過して、群馬県に入り、丸沼高原を過ぎ下ったところが平坦地となり小川の集落となります。角右衛門夫婦の暮らしていた山村です。

塩原角右衛門は、尋ねてきた右内にヤマメ・イワナと供に「会津辺から廻る味醂《みりん》のような真赤な酒」と「奥州から来る石首魚（イシモチ）という魚の干物」をふるまっています。「道の記」には、「奥州より送る石首魚の干物を焼きて出す。（中略）その塩からくして、かたきこと、真の石もちなり」とあるように、奥州との物流はさかんであったようです。

日光からの山道は、小川村で沼田会津街道と合流します。この街道は、尾瀬を越えて檜枝岐《ひのえまた》、さらに会津に至る道で、慶長五年（一六〇〇）の関ヶ原の戦いに際して、沼田城主真田信幸《のぶゆき》が会津の上杉景勝に備えて整備したものです。険しい山越えの街道ですが、江戸時代には物流の道として利用されていました。日光への「極難所」越えの山道は、現在、国道一二〇号として整備されましたが、国道四〇一号となった会津沼田街道は尾瀬沼《おぜぬま》の自然保護の観点から、群馬県側の一ノ瀬休憩所までしか車両通行はできません。

さて、右内は、百姓角右衛門を数坂峠という場所で襲いました。現在の国道一二〇号線を西に向かい片品を

小川の集落

越えてさらに進むと、観光名所の吹割滝《ふきわれのたき》に出ます。このあたりが追貝《おっかい》です。国道一二〇号はまっすぐに椎坂白沢トンネル（二〇一三年開通）へと向かいますが、もちろん当時の沼田会津街道はこれではありません。沼田会津街道は、追貝から大原（現　利根町大原）に降りたところで、三つに分かれます。北が栗生峠《くりうとうげ》を越える道で、現在は平成六年（一九九七）に完成した栗生トンネルがありますが、旧道を見つけることは不可能でした。南が椎坂峠を越えるもので、ところどころ旧道の跡は分かります。そして、この二つの間に、もっとも利用者が多かった数坂峠を越える道があるのです。この道は、大原の南から入り数坂峠を越え、生枝の観音寺の前に通じていたようです（武井新平「会津街道」）。国土地理院「二・五万分の一地形図」には椎坂白沢トンネルの北に数坂峠との記載がありますが、二〇一四年の段階で、この旧道を確かめることはできませんでした。

　国道一二〇号をさらに下っていくと沼田市に出て、全国チェーンの飲食店が集合している関越自動車道沼田インターチェンジと交差し、沼田市内へと向かいます。

上野国　沼田

【交通】車での移動となります。
関越自動車道沼田インターチェンジ→
沼田城：一〇分
沼田城→塩原太助生家：二〇分

円朝は、実在した塩原太助（一七四三～一八一六）という人物をモデルに「塩原多助一代記」を創作しました。塩原太助の出生地は三国街道の下新田宿《しもしんでん》です。三国街道は三国峠を越え、上州と越後を結んだ脇往還《わきおうかん》で、中山道の高崎宿から分かれ、利根川を北上するもので、越後の諸藩の参勤交代や佐渡産出の金の輸送路として、近世初期には幕府によって整備され、道中奉行の支配となっています。高崎宿から下新田宿までは、金古宿《かねこしゅく》→渋川宿→金井宿→北牧《きたもく》宿→横堀《よこぼり》宿→中山宿→塚原宿を経過するのですが、これは現在の国道一七号線ではありません。

さて、円朝はこの下新田宿（群馬県利根郡みなかみ町）

沼田城跡公園

を「沼田の下新田」としています。しかし、下新田宿は沼田城下からは一五キロも離れた所です。「道の記」によると、円朝は沼田の大竹屋という宿に宿泊した際、宿の主人の知り合いから「初代塩原の家は当初より北の方へ三里余隔たりし下新田と申すなり」という情報を得た、という面白い記述があります。円朝の取材の旅は日光から沼田までがメインであり、その後、彼は沼田街道を南下、前橋に出ています。つまり、「塩原多助一代記」の取材旅行は沼田で終了しており、円朝は沼田より北に位置する下新田には行っていないのです。

　沼田藩士の丹治親子は、湯治の帰りに下新田宿に立ち寄り、多助・おかめ・おえいと出会う、という設定になっています。湯治先はおそらく下新田宿のすぐ近くの湯宿温泉でしょう。

　現在、沼田市内から利根郡みなかみ町下新田の塩原太助の生家（九八頁）までは、国道一七号を北上、月夜野バイパスに入り、三国峠に向かい左側となります。

　沼田城下から下新田宿に至るには、利根川に降り、上川田渡で利根川を渡河、上川田村を経由して塚原宿に入り、三国街道に合流して下新田宿に至るという具合になります。現在では、沼田城跡から利根川に降り、地蔵橋――上川田渡は現在の地蔵橋よりも上流にあったとされています――で利根川を渡ります。県道二五三号（小日向沼田線）に出て北上、利根川右岸（西側）の山に沿ってアップダウンを繰り返すと、県道三六号（三国街道）に出ますので、これを北上し、途中村主《すぐり》八幡宮手前を左折し直進すると下新田交差点に出ます。

　さて、江戸時代、下新田宿は羽場村の分村という位置づけでした。羽場村は沼田藩領であったり幕府領であったりしています。円朝は、細かいことは省き、上州北部で一番著名な沼田を意識して、下新田宿を沼田藩領ということにしたのでしょう。下新田宿が幕府領ですと、丹治親子のような武士が下新田宿という在地まで、頻繁にやってくるという設定に無理が出てしまいます。幕府領では代官所以外に武士はいませんから、沼田藩のほうが都合がよいのでしょう。

　ちなみに、昭和二二年（一九四七）、群馬の郷土の歴史を子供たちに伝えることを目的にして作られた『上《じょう》毛《もう》カルタ』――群馬県人ならば誰でも知っています――には、「沼田城下の塩原太助」という札があります。これは、円朝の「塩原多助一代記」が地元に影響して、新たに創造された歴史（郷土史）と言えるかも知れません。

既述したように、多助に仇をなす原丹治・丹三郎親子は「土岐伊豫守様の御家来」＝沼田藩士でした。美濃国から出た土岐家は、徳川家康に仕え、五代目頼稔が沼田藩主（三万五千石）となりました。ちなみに、現在、沼田城の本丸・二の丸などは沼田公園となり、総曲輪の一部には沼田小学校や沼田女子高等学校が建っています。利根川の河岸段丘上にある、とても静かな公園です。

上州　四万

【交通】
沼田城→（県道二七四号）→下之町（国道一四五号＝日本ロマンチック街道）→中之条町→（県道二三九号）→四万温泉：六〇分

下新田で村の若い衆に襲われ逃げ出した原丹治とおかめは、上州吾妻郡四万《しま》に潜伏しました。「塩原多助一代記」には、二人は下新田から間道を抜け、須川→大戸《おおど》村→岩本村→蛇平《じゃだいら》を通過して四万に入ったとあります。ところが、先述したように「道の記」を確認するかぎり、円朝は沼田以北に旅行していないので、円朝は現地を確認していないようです。高座では、地名を語ったわけですが、活字にした際に、確認せずに音に漢字を当てはめてしまったのでしょう。中之条町歴史と民俗の博物館学芸員・須崎幸夫さんによると、大戸村は大道《おおど》村、蛇平は寺社平《じしゃだいら》ではないか、とのことです。実際の地名では、須川→大道村→岩本村→寺社平となるわけです。

下新田から三国街道を北上し、布施宿を抜け湯宿から左折すると、須川に出ますので、この間道を谷に沿って南下し、山に向かって行きます。現在この道は県道五三号となっています。道は山に向かってかなりの登りとなっていきます。登りきったところが大道峠、そのさきに大道村があります――そこから山の上に上がると、国指定文化財の富沢《とみざわ》家《け》住宅があります――。さらにここから、山道を登ると岩本村となります。かなりきつい山道で、対向車にも出会わない寂しい道です。女性が歩くにはそうとうきついと思われます。

　岩本村から、かなりきつい坂を登り切ると、美野平という台地に出ますので、ここから西に下ると、四万川に出ます。これを北上すると四万温泉です。

　四万温泉には、永延三年（九八九）、源頼光《よりみつ》の家臣が開いたとの伝説があります。また、四万から二〇キロほど南に下がったところに土豪・斎藤氏の居城岩櫃《いわびつ》城（現吾妻町）があります。永禄五年（一五六二）、上杉謙信に帰属した斎藤氏は、武田信玄に組する地元の地侍・土豪

湯宿から須川に登る道

大道村　富沢家住宅

四万温泉

たちによって滅ぼされ、翌年、斎藤氏の家臣であった田村甚五郎清政《じんごろうきよまさ》が、四万に土着して山口の湯を開いたという伝承が残っています。江戸時代に入ると、四万温泉には湯守が置かれ、湯治客から湯銭を取っていました。元禄期以降、温泉は盛んとなり、宝暦年間には、湯治客は

中之条町付近

年間二〇〇〇人くらいにのぼっていたようです。「塩原多助一代記」の時代は寛延年間なので、ほぼこの時期に近いといえます。

　四万は冬になると雪が多い山深い地方です。これを嫌った丹治・おかめは江戸に出るため出立し、吾妻川の急流を見ながら北牧《きたもく》を目指し、途中で寺（寮）に泊まっています。

　南の方には赤城《あかぎ》山が一面に見え、後は男子山、子持山、北にあたつて草津から四万の筆山、吾妻《あがつま》山から一面に榛名《はるな》山へ続いて見える山また山の難所で、下は削りなせる谷にして、吾妻川の流れも冬の中頃ゆえ水は涸れて居りますが、名に負う急流、岩に当つて打落す水音高くごう〳〵と物凄き有様でございます。

という円朝の描写は見事です。しかし、吾妻川に沿った道は、谷にそって進みますので、赤城山や子持山、ましてや吾妻山から榛名山が見えることはありません。円朝は、吾妻から赤城山麓についても現地に行っていないようです。

　話を丹治・おかめに戻しましょう。二人は南北を山

に囲まれ、東西に細くのびる吾妻川の急流にそって、東へと下っていったわけです。この行程は四万↓中之条↓村上村↓北牧へとなっています。四万温泉にいたる一本道を中之条に出ると、信州街道（国道三五三号）となります、吾妻川を右手に見てさらに東に下ると北牧宿となり、三国街道に合流します。なお、北牧に至る手前にある寺（寮）を確定することはできませんでした。

五、「黄金餅」

円朝オリジナルの「黄金餅《こがねもち》」は江戸が舞台で、出てくる地名は二カ所だけです。金山寺屋の金兵衛と托鉢僧《たくはっそう》の源八が暮らす貧乏長屋のある芝将監橋（Ⅲ章トビラ）と、源八を弔った貧窮《ひんきゅう》山難渋《なんじゅう》寺がある麻布三件家です。ここを巡見してみましょう。貧窮山難渋寺というふざけた名前の寺は架空のものですが、曹渓《そうけい》寺ではないかとされています。そこで、長屋の衆になり、源八の早桶を担いだつもりで、港区芝二丁目から、南麻布にある曹渓寺まで、三キロほどを歩いてみましょう。東京メトロ三田線

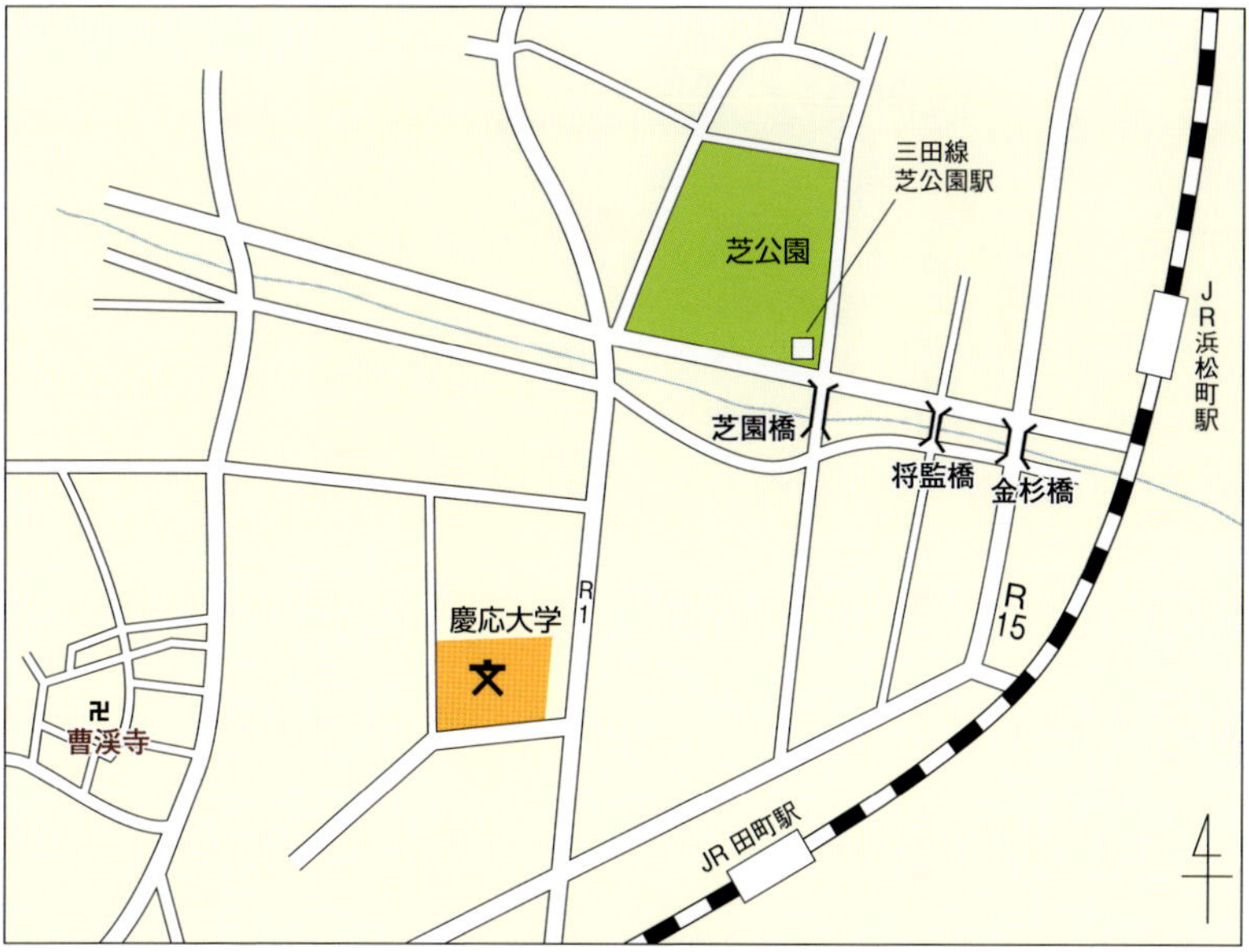

将監橋・曹渓寺

の芝公園駅に近い将監《しょうげん》橋（芝二丁目）がスタートです。現在、この辺りを見渡しても、貧乏長屋があったという風情はまったくありません。

将監橋から芝園橋にむけて西に進み、さらに桜田通りを目指し、これを越えて南下すると、慶応義塾大学があります。ここを西に折れて首都高速二号線を越え、テンプル大学ジャパンの南側を通ると曹渓寺に出ます。

古今亭志ん生の「黄金餅」では、下谷山崎町から麻布までの長い道のりを長屋の衆が、「わーわー」言いながら早桶を担いでいくので「随分みんなくたびれた」となりますが、円朝のオリジナル「黄金餅」ではさほどの距離ではありません。

ところで、金兵衛が出した黄金芝餅という店は「芝金杉橋のもと」にあった、とありますので、ここにも行ってみましょう。将監橋のすぐ東側です。金兵衛は、長屋のすぐ近くに店を出したのですねえ。

曹渓寺

金杉橋　付近

六、「文七元結」

この噺の舞台は江戸です。Ⅱ章で紹介した「場」＝場面ごとに歩いてみましょう。

長兵衛登場・長兵衛長屋の場

【交通】
浅草駅→（徒歩）→吾妻橋→東駒形吾妻橋一丁目：一〇分
東駒形吾妻橋一丁目→（徒歩）→吉原大門：四五分

左官の長兵衛・女房のお兼、娘のお久が暮らしていた長屋は「本所《ほんじょ》達磨《だるま》横町《よこちょう》」にあるのですが、嘉永年間の『江戸切り絵図』には「本所達磨町」という地名は記されていません。浅草から吾妻橋を渡り、左りに枕橋を渡ると、「細川能登守」＝肥後熊本《くまもと》新田《しんでん》藩《はん》下屋敷になりますが、ここを右に曲り進むと、「南本町・番場町」となります。「本所達磨町」とはどうやらこの周辺のようです。現在の東駒形吾妻橋一丁目あたりですが、当時の面影はありません。

本所達磨横町（東駒形１丁目）付近

枕橋から北十間川を望む

吉原　見返り柳

角海老の場・吾妻橋の場

お久が頼みこんだ吉原の角海老は、幕末・明治の時期からある大店《おおだな》で海老屋が正式名称でした（一一三頁）。お久は本所達磨町から角海老まで、吾妻橋を通ったわけです。一方、長兵衛は角海老から長屋に帰る途中、この吾妻橋で文七に会うわけです。現在では、東駒形一丁目から、吾妻橋を越えて、東武浅草駅前の馬道通りを北上し土手通りに当たったら左折、吉原大門まで、約三キロです。

なお、文七が奉公していた「近卯」があるのは白銀町三丁目で、文七が集金にいった先の「小梅の水戸様」とは水戸藩下屋敷のことです。現在、白金町三丁目は中央区日本橋四丁目、室町四丁目付近で、水戸藩下屋敷は墨田区向島一丁目、隅田公園に当たります（吾妻橋の北側）。文七は、水戸藩下屋敷を出て、集金の百両を無くしたことに気づき、吾妻橋までとぼとぼやってきて、身投げをしようとしていたのです。水戸藩下屋敷から吾妻橋までは一キロもありません。文七は、水戸藩下屋敷を出てすぐの、運河（北十間川）を枕橋で渡ったところで、スリに百両もっていかれたと思い込んでいたのです。ちなみに、吾妻橋から白金町までは四キロとかなり距離があります。

七、東京の寄席

『明治百話』に明治二〇年代の寄席の様子が描かれています。Ⅰ章で触れたように、当時は珍芸の全盛期で、このほかに娘義太夫の人気も高かったようです。女性の義太夫演者が語るわけですが、佳境にはいると「どーする！　どうする！」と客席から声をかける「どうする連」という若者（書生ら）のグループができ、贔屓の娘義太夫の出る寄席を追っかけていった、というのです。アイドルと熱烈なファンの関係です。今も、昔も同じようなものです。

五銭であった木戸銭は、日清戦争後一〇銭となりました。そのころ大人気のステテコの三遊亭円遊は、月収一〇〇〇円から一五〇〇円であったそうです。現代と比較して当時の通貨価値をイメージすることは難しいのですが、先述したように、木戸銭＝立ち食い蕎麦二杯分ほどの感覚ですので、円遊の月収は一〇〇〇〜一二〇〇万円ということになります。

しかし、売れれば売れるほど交際範囲は広がりますので、冠婚葬祭等の費用（出銭）がかさみ大変であったそうです。

噺家の世界には「階級」があります。古今亭志ん生（五代目）は「寄席の今昔」（『なめくじ艦隊』）の中で

> 噺家になるてえと、いちばん最初が見習い（中略）、それから前座になって、はじめて噺のけいこをし（中略）、これで噺家としてのもとをきずいて、〝もういいな〟ということになって、はじめて二つ目になるわけです（中略）。大幹部（大看板）が推せんして真打になるわけですよ

と語っています。この「階級」は現在でも同様です。ただし、時代の趨勢から、真打の概念がだいぶ変化してきたことは事実です。戦前のように二〇年修行しても二つ目、などということでは、噺家のなり手がいなくなっ

てしまうからでしょう。それはさておき、現在、東京で恒常的に興行している寄席は四カ所です。そして、東京には落語協会・落語芸術家協会、落語立川流、円楽一門会といった団体があり、このうち、四カ所の寄席に出演できるのは、落語協会と落語芸術家協会所属の噺家となっています。ではこの四か所の寄席を簡単に紹介しておきましょう。

　これら四つの寄席はすべて昼・夜の交代制となっており、基本的に月を上席・中席・下席と分け落語協会と落語芸術家協会に所属する噺家・芸人が、それぞれ一〇日交代で出演しています。

●池袋演芸場
【交通】ＪＲ池袋北口からすぐ
【ホームページ】
http://www.ike-en.com/index2.html

●鈴本演芸場
【交通】ＪＲ上野駅不忍口から中央通りを南東に向かい一〇分ほど。
【ホームページ】
http://www.rakugo.or.jp

●新宿末広亭
【交通】ＪＲ新宿駅東口から新宿通りを東に行き、明治通りを越え、
都営新宿線新宿三丁目Ｃ４出口の角を左折すぐ。
【ホームページ】
http://suehirotei.com/goannai/
二〇〇五年放送のＴＢＳ金曜ドラマ『タイガー＆ ドラゴン』に登場する寄席の内部は新宿末広亭を模したセットとなっていました。

●浅草演芸ホール
【交通】東京メトロ銀座線浅草駅Ａ４出口を出ると、雷門が見えますので、その前の雷門通りを西（国際通り方面）に直進し、すしや通りを右に入り、直進します。
【ホームページ】

二〇〇五年放送のＴＢＳ金曜ドラマ『タイガー＆ドラゴン』に登場する寄席として入り口が使われました。

【参考文献】

■単行本・論文

朝尾直弘「東アジアにおける幕藩体制」『日本の近世』1、中央公論社、一九九一年
新井勝紘編『自由民権と近代社会』吉川弘文館、二〇〇四年
石井　明『円朝　牡丹燈籠』東京堂出版、二〇〇九年
猪飼隆明『西南戦争』吉川弘文館、二〇〇八年
井上勝生『開国と幕末変革』講談社、二〇〇二年
　『幕末・維新』岩波書店、二〇〇六年
　『明治日本の植民地支配』岩波書店、二〇一三年
内田　誠「明治前期における行政警察的取締法令の形成」『早稲田法学会誌』第三三巻、一九八三年
奥　武則『文明開化と民衆』新評論、一九九三年
大日方純夫『近代日本の警察と地域社会』筑摩書房、二〇〇〇年
川崎房五郎『文明開化東京』光風社出版、一九八四年
倉田喜弘『芝居小屋と寄席の近代』岩波書店、二〇〇六年
古今亭志ん生『なめくじ艦隊』筑摩書房、一九九一年
佐藤至子「文七元結」倉田喜弘他編『円朝全集』第七巻、岩波書店、二〇一四年
篠田鉱造『明治百話』上・下、岩波書店、一九九六年
清水康行「怪談牡丹燈籠」倉田善弘他編『円朝全集』第一巻、岩波書店、二〇一二年
須田　努『「悪党」の一九世紀』青木書店、二〇〇二年
　『幕末の世直し』吉川弘文館、二〇一〇年
　『逸脱する百姓』東京堂出版、二〇一〇年
　「横井小楠と吉田松陰」趙景達他編『東アジアの知識人』一、有志舎、二〇一三年
高木俊輔『幕末の志士』中央公論社、一九七六年
高野実貴雄『三遊亭円朝と歌舞伎』近代文芸社、二〇〇一年

高橋　敏『国定忠治』岩波新書、二〇〇〇年
武井新平「会津街道」『上州の諸街道』みやま文庫、一九七一年
趙　景達『近代朝鮮と日本』岩波書店、二〇一二年
徳利旅「円朝を歩く　第一回」倉田善弘他編『円朝全集』第一巻、岩波書店、二〇一二年
永井啓夫『新判　三遊亭円朝』青蛙房、一九九八年
「怪談牡丹灯籠」興津要他注釈『明治開化期文学集』角川書店、一九七〇年
奈良本辰也『吉田松陰』岩波新書、一九八一年
原田敬一『日清戦争』吉川弘文館、二〇〇八年
比留間尚「幕末民衆文化の創造」西山松之助先生古稀記念会編『江戸の民衆と社会』吉川弘文館、一九八五年
深谷克己『百姓成立』塙書房、一九九三年
保坂　智『百姓一揆と義民の研究』吉川弘文館、二〇〇六年
松尾正人編『明治維新と文明開化』吉川弘文館、二〇〇四年
水川隆夫『漱石と落語』彩流社、一九八六年
三谷　博『ペリー来航』吉川弘文館、二〇〇三年
宮　信明「素噺との出会い」『立教大学日本文学』第一〇三号、二〇〇九年
百瀬　響『文明開化　失われた風俗』吉川弘文館、二〇〇八年
森まゆみ『円朝ざんまい』平凡社、二〇〇六年
矢野誠一『三遊亭円朝の明治』文芸春秋、一九九九年
山内昌之・村田雄二郎他編『帝国とは何か』岩波書店、一九九七年
柳家権太楼『江戸が息づく古典落語５０席』ＰＨＰ文庫、二〇〇五年
倉田喜弘『明治大正の民衆娯楽』岩波書店、一九八〇年
ベネディクト・アンダーソン・白石隆他訳『想像の共同体』リブロポート、一九八七年
Ｊ・ヴィクター・コシュマン、田尻祐一郎他訳『水戸イデオロギー』ぺりかん社、一九九八年
ルイ・アルチユセール、西川長夫訳『再生産について』平凡社、二〇〇五年
『東京人』二四四号、都市出版、二〇〇七年
『文学増刊　圓朝の世界』岩波書店、二〇〇〇年

■資料・自治体史・その他

安楽庵策伝・鈴木棠三校注『醒睡笑』上・下、岩波書店、一九八六年
飯島友治編『古典落語　圓生集』上・下、筑摩書房、一九八九年
井上馨侯伝記編纂会編『世外井上公伝』全五巻、原書房、一九六八年
岡本綺堂『明治の演劇』大東出版社、一九四二年
桂　歌丸「お累の自害」『真景累ケ淵』三、テイチクエンタテインメント、二〇〇六年
「対談　噺家にして稀代の書き手」『東京人』二四四号、都市出版、二〇〇七年
仮名垣魯文『安愚楽鍋』岩波書店、一九六七年
喜多川守貞『近世風俗志　守貞謾稿』(五)、岩波書店、二〇〇二年
倉田喜弘他校注『円朝全集』全一五巻（二〇一四年段階、一〇巻まで刊行）岩波書店、二〇一二年〜
藝能史研究會編『日本庶民文化史料集成第八巻　寄席・見世物』三一書房、一九七六年
小池章太郎他編『藤岡屋日記』全一五巻、三一書房、一九八七年〜九五年
古今亭志ん朝「豊志賀の死」『東横落語会　古今亭志ん朝』小学館、二〇一〇年
小島政二郎他監修『三遊亭円朝全集』全八巻、角川書店、一九七五年〜七六年
式亭三馬『浮世床』中野三敏他校注『洒落本・滑稽本・人情本』小学館、一九七一年
初代三遊亭円生編『東都噺家師弟系図』国立国会図書館所蔵
条野採菊「三遊亭円朝の逸事」『三遊亭円朝全集』第七巻、角川書店、一九七五年
鈴木古鶴「円朝遺聞」『三遊亭円朝全集』第七巻、角川書店、一九七五年
船遊亭扇橋編「落語家奇奴部類」早川純三郎編『新燕石十種第二』国書刊行会、一九一二年
同好史談会編『漫談明治初年』批評社、二〇〇一年
中田秀夫監督「怪談」、「怪談」製作委員会、松竹株式会社、二〇〇七年
中村仲蔵『手前味噌』北光書房、一九四四年
中江兆民、井田進也編『一年有半・続一年有半』岩波書店、一九九五年
夏目漱石『三四郎』岩波書店、一九九〇年
馬場孤蝶『明治の東京』中央公論社、一九四二年

正岡子規『筆まかせ　抄』岩波書店、一九八五年
福沢諭吉『学問のすすめ』慶應義塾大学出版会、二〇〇九年
『文明論之概略』慶應義塾大学出版会、二〇〇九年
『西洋事情』慶應義塾大学出版会、二〇〇九年
吉野真保編『嘉永明治年間録』上・下巻、巌南堂書店、一九六八年
朗月散史編「三遊亭円朝子の伝」『三遊亭円朝全集』第七巻、角川書店、一九七五年

「黒船来航風俗絵巻」埼玉県立歴史と民俗の博物館所蔵
台東区史編纂専門委員会編『台東区史』通史編二、二〇〇〇年
東京百年史編纂委員会『東京百年史』第一・二巻、一九七二年
牧野隆信編『加賀市史料』(二) 加賀市立図書館、一九八一年
『大聖寺藩士由緒帳』一~三、牧野隆信編『加賀市史料』(三) 加賀市立図書館、一九八一年
松戸市立博物館編『松戸市旧宿場町建築物調査報告書』松戸市立博物館、一九九九年

三遊亭円朝略年表

年号表記	西暦	事項
天保一〇	一八三九	江戸・湯島で誕生
弘化二	一八四五	小円太の名で寄席に出る
弘化四	一八四七	二代目・三遊亭円生の家に入り、修行が始まる
嘉永二	一八四九	自宅に戻る
嘉永三	一八五〇	紙屋へ奉公に上がる
嘉永四	一八五一	歌川国芳の門に入り、修行
嘉永五	一八五二	兄・玄昌の長安寺（谷中）に移転
安政二	一八五五	円朝と改名　三遊派再興を誓う　二人の弟子ができる
安政三	一八五六	池之端七軒町に移転
安政五	一八五七	浅草茅町に移転
安政六	一八五八	「累ケ淵後日の怪談」創作
文久元	一八五九	師匠・円生とトラブル　「怪談牡丹燈籠」創作
文久二	一八六〇	円生死去　永泉（玄昌）死去
元治元	一八六四	両国「垢離場」で真打ちとなる
明治元	一八六八	一子・朝太郎誕生
明治二	一八六九	お幸を妻とする

明治　四	一八七一	父・円太郎死去
明治　五	一八七二	素噺に転向　浜町梅屋敷に移転
明治　九	一八七六	日光・沼田地域調査
明治一一	一八七八	「塩原多助一代記」完成
明治一二	一八七九	母・すみ死去
明治一七	一八八四	『怪談牡丹燈籠』速記本出版
明治一九	一八八六	北海道視察旅行に同行
明治二〇	一八八七	「怪談牡丹燈籠」春木座で歌舞伎上演
明治二一	一八八八	「塩原多助一代記」春木座で歌舞伎上演
明治二二	一八八九	木母寺に三遊塚建立
明治二四	一八九一	井上馨邸において、明治天皇の前で「塩原多助一代記」口演 東京の寄席を引退
明治二五	一八九二	「塩原多助一代記」修身教科書に採用される
明治三二	一八九九	発病　最後の高座
明治三三	一九〇〇	永眠　全生庵で葬儀

著者略歴
一九五九年　群馬県に生まれる
一九九七年　早稲田大学大学院文学研究科博士後期課程修了　博士（文学）
現在　明治大学情報コミュニケーション学部教授

〔主要著書〕
『「悪党」の一九世紀』（青木書店、二〇〇二）
『幕末の世直し　万人の戦争状態』（吉川弘文館、二〇一〇）
『現代を生きる日本史』（岩波書店、二〇一四）

人をあるく
三遊亭円朝と江戸落語

二〇一五年（平成二十七）三月一日　第一刷発行

著者　須《す》田《だ》努《つとむ》
発行者　吉川道郎
発行所　株式会社　吉川弘文館
郵便番号一一三―〇〇三三
東京都文京区本郷七丁目二番八号
電話〇三―三八一三―九一五一〈代表〉
振替口座〇〇一〇〇―五―二四四
組版　有限会社ハッシィ
印刷　藤原印刷株式会社
製本　ナショナル製本協同組合
装幀　有限会社ハッシィ

ISBN978-4-642-06787-4